ピラティスで安心の身体づくり&エクササイズ

35歳からの
妊娠・出産・産後ケア

村松リカ
スタジオヘルスタ 代表

現代書林

はじめに

２００９年に厚生労働省が発表した調査では、40歳以上で出産した人の人数が2万３４８人で、初めて2万人を超えました。また、２０１３年は35歳以上での出産が全体の26・９％となり、今後、高齢出産は増加の一途をたどりそうです。加えて、出生率の低下。少子高齢化時代に、働きながら子育てをすることは胸を張ってやっていきたいことです。

私は、そんな女性たちを「ピラティスを通して応援したい」という気持ちから、本書を出版しました。

ただし、やはり多くのリスクがある高齢出産を、安易に考えてほしくありません。何を隠そう、私が「高齢出産」を体験した一人で、二人の子どもの子育てをしながら仕事をしています。でも、私が元気でいられるのは、「ピラティス」のおかげです。

もちろん、妊娠中・産後のエクササイズは体調が整わなかったり、時間もなく専門的に習うのをためらってしまうかもしれません。

しかし、ピラティスの基本である「大きな呼吸・正しい姿勢・腹圧」の3つを行うだけでも、妊娠中、産後に起こりうるさまざまな身体《からだ》と心のトラブルを軽減することができます。

そこで、本書では私の実際の妊娠10カ月、産後すぐ、産後1年後の写真とともに、妊娠前から産後まで自宅で取り組めるピラティスを紹介します。

ピラティスで、皆さまの生活がより豊かなものになることを願っています。

2015年11月

村松リカ

CONTENTS | 目次

妊娠を望む方、
妊婦の方に
ピラティスをおすすめる
理由をお話しします

Part 2

ピラティスで始める！ 妊娠前の身体づくり

ピラティスで、身体と心を整える

身体の基本は、
“正しい姿勢”から。
できていない方が
意外に多いのです

Part 3

妊娠中も安心！ マタニティピラティス

ピラティスで、妊娠中の身体をケア！

妊娠中は
身体に負担の少ない
座ってできる
エクササイズが中心

Part
4

ピラティスだから効果的！産後太り、腰痛・肩こり解消の産後ケア

産後の悩みをピラティスで解消する

体調に合わせて、
赤ちゃんと一緒に
エクササイズできます

付章

ピラティス＋食事で身体の中からもケアを

体重をコントロールし、身体の機能を高める食事のすすめ

体調管理のために
そして、赤ちゃんの
成長のためにも
身体に良い食事は大切

すべてのエクササイズの前に必ず必要な
「ピラティスの基本」

[お腹を引き上げ続ける]

おへそを後ろや上に引き上げるように……、ウエストを引き締めるように……、そんなイメージです。強く引っ込めたり、固めたりしないように注意。すべてのエクササイズ中はもちろん、普段の生活でも必ず意識していましょう。

[身体の軸を長く保つ（エロンゲーション）]

背骨と背骨の間を広げるようにし続けましょう。脚と頭、左右の指先などは、いつも反対方向へ引っ張り合います。

[左右の高さを平行に保つ（ボックスを保つ）]

両肩・骨盤の左右を平行に、長方形の体幹を保ちましょう。背骨を丸めたり反らせたりするときも崩さないように。身体のアンバランスやこり、痛みが気になる方は今すぐに。

エクササイズを行うタイミング

all —— すべてのとき OK
★ —— 産前
◇① —— 妊娠前期
◇② —— 妊娠中期
◇③ —— 妊娠後期
♥ —— 産後すぐ
※一番デリケートな時期なので、このマークのあるものだけにしましょう。
✿ —— 産後ずっと

回数・呼吸について

・少しずつ回数を増やし、各エクササイズに示されている回数を目指しましょう。
・始めは呼吸を止めないようにし、慣れてきたら示されているようにしていきましょう。

Part 1

ピラティスがきっかけとなり、37歳と40歳で子どもを授かった

ピラティスとの出会い

ダンス・バレエのインストラクター、でも慢性的な腰痛

私が妊娠中、出産後にピラティスをおすすめする理由は、長年の悩みだった腰痛が改善できた実体験からです。そして、高齢出産後もさまざまなマイナートラブルの解消やシェイプアップに役立ったからです。

私は、23歳で幼稚園教諭からダンスインストラクターに転職。しかし、慢性的な腰痛に悩まされ続けていました。

子どものころから体力も筋力も少なかったので、レッスン本数を増やすたびに腰痛が悪化。マッサージも鍼も根本治療にならず、「指導者としては続けることができない」と悩みました。そんなとき、「アメリカでバレエダンサーの腰痛改善にピラティスが人気」ということを知りました。日本にはまだピラティスを教えるクラスが少なかったので、藁にもすがる気持ちで渡米しました。

アメリカでピラティスを体験

ロサンゼルスにあるフィットネスクラブで、ピラティスのクラスを数十回受けました。ハードなエクササイズだろうと覚悟していきましたが、イメージとはまったく違うものでした。最初は呼吸のエクササイズだけ1時間（43ページ、ピラティスの胸式ラテラル呼吸を参照）。「これがエクササイズ?」と驚きました。

そして、ほとんどのエクササイズが寝たまま行うので、腰痛の痛みも出ず、体力低下している中でもこなすことができ、おどろくほど痛みが激減しました。

日本に戻ってからすぐに、東京のピラティススタジオでトレーニングを続けました。呼吸のこと、動きのこと、毎週、少しずつ練習しているうちに自分の身体《からだ》のアンバランスさ、体幹の弱さを知りました。そしてなにより、ピラティスを終えた後の爽快感がたまらなく心地良く、鍼やマッサージよりはるかに腰の調子が良くなったのです。

ピラティスの奥深さを知るにつれ、私が腰痛になった原因が「姿勢」であることがわかりました。間違った姿勢のまま踊り続けていたり、生活の中でも腹圧が入らず、腰に過度な負担をかけていたのです。

後で詳しくお話ししますが、ピラティスの大きな効果のひとつは、体幹（コア）の筋肉（イ

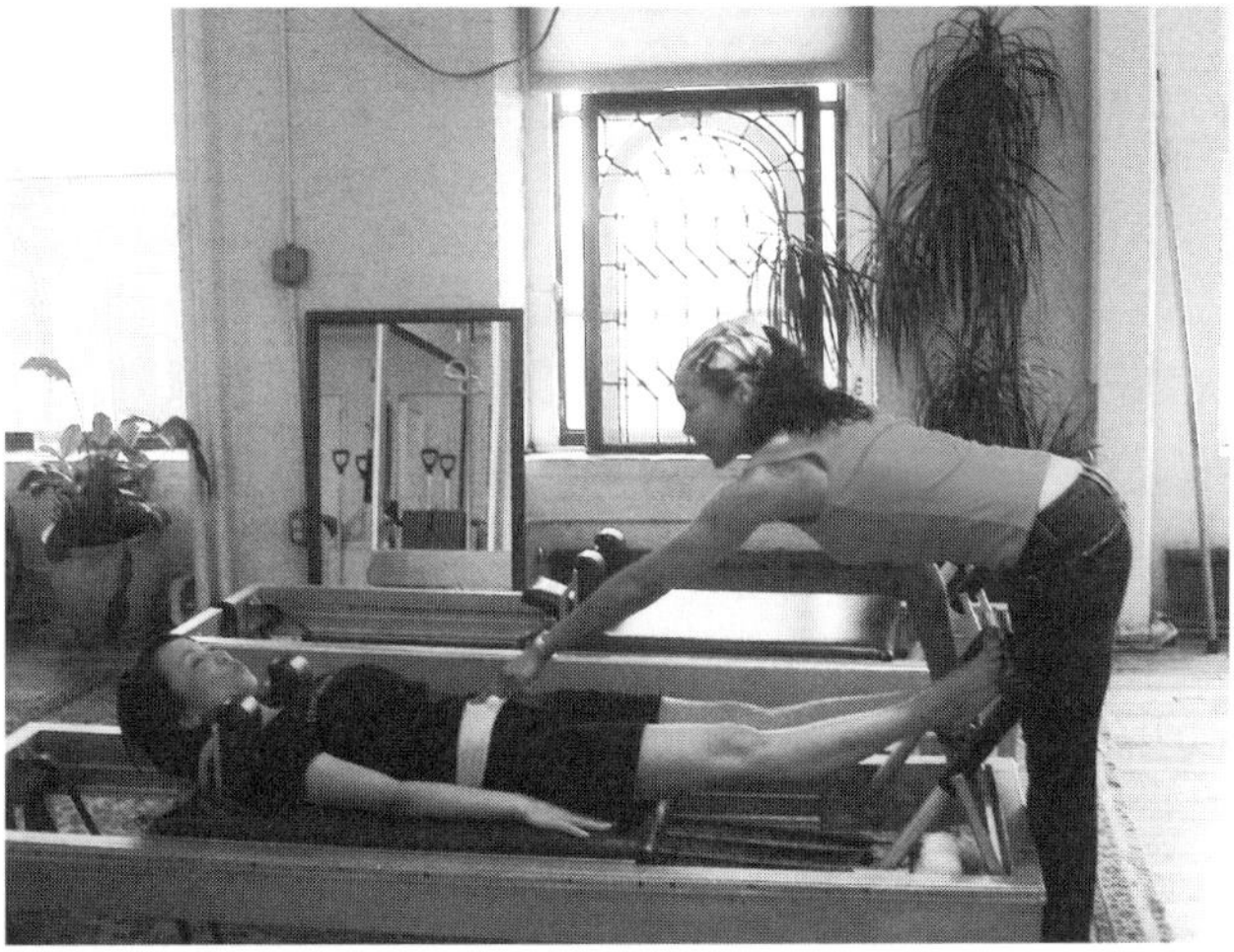

この写真はロスではなく、
その後、ニューヨークでレッスンを受けたときのもの

ンナーマッスル）が正しく使えるようになり、**『正しい姿勢が保たれる』**ことです。

例えば、お腹の周囲の筋肉というと「腹筋」が有名ですが、一般に知られているのは表面にある「腹直筋」。でも、これは身体の表層にある筋肉で、もっと奥にさまざまな深層の筋肉があります。

深層の筋肉は、収縮してもあまり大きな動きが見えないので外からはわかりにくいのですが、「自前のコルセット」と呼ばれます。

ピラティスによって体幹の深層の筋肉が使えるようになると、耐震補強されてコルセットを巻いたような状態になり、骨盤や背骨の安定が生まれ、無駄な動きがなくなります。

また、脊椎（背骨）を上下に引っ張りながらエクササイズすることで、脊椎（背骨）への一

初めてスタジオをつくったときのチラシ

点の負荷が分散して可動域が増え、腰痛などの痛みを予防します。

近年、体幹の強化や柔軟性の向上が重要視される中、ピラティスが痛みの予防やアスリートの記録向上など多くの成果を生み、実績を上げています。

30代前半は5つのスタジオを開設し、やりがいのある日々

ピラティスで腰痛を解消し、私は再びバレエやダンスの指導者を続けることができました。

「素晴らしいピラティスをもっともっとたくさんの人に教えてあげたい」という思いから、自宅のリビングで個別レッスン教室を開講。いくらマッサージに通っても腰痛が良くならない、

という女性たちが訪れるようになり、その効果も着実に上がってきました。

その間、私は指導者を養成する「マスタートレーナー」の資格を取得し、多くの指導者を育成。3年間で5店舗のピラティススタジオを開設していました。

ピラティスで体質改善、そしてまさかの妊娠!

働き過ぎでホルモンバランスを崩す

当時は仕事が楽しくて夢中になり、忙しくもやりがいのある日々でした。

しかし、いつも睡眠不足がちで食事も外食中心、貧血で薬を飲んでいました。一番の問題は、1年以上生理が来ていない……ということでした。

婦人科でいろいろな治療をしても生理が再開することはありませんでした。実際、仕事もピラティスの勉強も続けたくて、「子どもを産む」ことについて真剣に考えていませんでした。

月経の乱れは、糖尿病や骨粗しょう症、脂質代謝異常、高脂血症など、さまざまな病気の原因となります。「35歳で生理が止まるのは、やっぱりおかしい……」と、生活リズムを整えて食生活を改め、そして、ピラティスを定期的に行いきちんと取り組むことにしました。

そもそもピラティスとの出会いは、腰痛を治すための身体づくり。二度とつらい思いをしないようにと毎日、自分のためのピラティスをやっていたのに、忙しさを言い訳にいつのまにかその時間をなくしていました。

時間を決めて毎日、自分の身体のためにピラティスをすることにしました。ピラティスをするときは何も考えず、無心でただひたすら身体の声を聞く……。これは、売上げやスタッフの配置など始めたばかりの「経営」の悩みを忘れ、ストレスの解消にもなりました。

続けること1年、生理が再開。36歳で自然妊娠することができました。

妊娠中のとまどい

「妊娠」といわれ、「うれしい」「まさか」「でも、今は……」、この3つがぐるぐる回りました。妊娠した喜びと同時に、オープンしたばかりの2つのスタジオをこれからどうしたらよいか……。考えることはやはり、仕事が優先でした。

すぐにひどいつわりが始まり、スタジオに行けない日々が続きました。スタジオでさまざまな問題が出たときも対応できず、生徒の皆さんにもスタッフにも大きな迷惑を掛けてしまいました。

　お腹の子の命はもちろん大切です。でも、自分が設立した会社とスタジオも、子どもと同じように大切です。オープンして間もないスタジオは赤字が続き、立て直す力も資金もなくなっていきました。

　つわりは妊娠初期以降も続き、お腹が大きくなってくると、腰痛が再発。このころはもう、自分のためにピラティスをやる余裕もなく、赤字のスタジオを閉鎖する件などで、ストレスが続きました。

　それでも、「産めばなんとかなる」「保育園さえ決めておけば……」「(保育園に)入れられなければ、ベビーシッター！」と、子どもを物のように何とかできると、安易に考えていました。

　とにかく、仕事をギリギリまでやっておきたいと、妊娠中も遅くまでパソコンに向かい、遠い店舗にも車を走らせ続けました。

　このツケが出産後に来ることになろうとは……思いもしませんでした。

初めての育児は不安とストレスばかり

　産後の身体は想像以上にひどいものでした。

37歳の春、無痛分娩で無事第一子を産みました。退院してすぐ、家にベビーシッターさんや両親に来てもらい、すぐにパソコンに向いつつ、経理やスタジオとのやり取りを始めました。「早くスタジオに行きたい！」と思っていても、おっぱい、おむつ、夜中の授乳、あせもやおむつかぶれ、自分も乳腺炎になるなど、初めての育児はわからないことだらけでした。

そして、2～3時間は平気で泣く子をずっと抱っこしていたら、ますます腰痛が悪化。慣れない抱っこで肩もこり、生まれて初めて尿もれも経験。尿もれについては出産前に予防のためのトレーニングもしていたのに、それが効かず、くやしくてたまりませんでした。

また、母乳ですぐに痩せると聞いていたので油断してしまい、おやつもごはんも好きなだけ食べていました。すると12kg増から6kg落ちたものの、あと6kgがなかなか戻せず、大変苦労しました。

1カ月検診を終え、スタジオで仕事を始めることができたときは、やっと外に出られ、精神的にはホッとしました。しかし、産後の身体が回復しきっておらず、寝不足にもなり、体力的には疲労困憊の日々でした。

産後3カ月目、元の身体に戻したくて、みっちり1年間産後のピラティスに取り組み始めました。毎日の自習に加え週1回先生に見てもらい、「背骨がよく動いていたよ」「スタミナがついたね」といわれるのがうれしく、徐々に腰痛、肩こり、尿もれが改善。筋力と柔軟性も戻ってきました。育児と仕事を両立したい私は、このとき「本当にピラティスをしていて良かった」と痛感しました。

3年後に、第二子を出産

40歳で二人目を妊娠しました。第一子のときはお腹が大きくなると足元が見えず、何もないところで転んでしまいそうになることがしばしばありましたが、第二子のときは毎日ピラティスを続けていたので、こうしたトラブルがまったくなく、臨月になっても転倒の危険を感じることなく過ごすことができました。

というのも、妊娠時は「リラキシン」というホルモンの影響で思った以上に関節が緩くなり、バランスを崩しやすくなります。さらに現代人はデスクワークが中心であまり歩かないので、足の底の筋肉をはじめとした下肢の筋肉が低下気味。この結果、妊娠中に大変危険な転倒や捻挫（足のひねり）などが発生しやすくなるのです。

私はバレエをしていたのでバランス感覚には自信があったのですが、第一子のときは妊娠中から想像以上に関節が緩くなり、ほんのちょっとのことでひざをひねったり、少しの段差で足をくじいたりということがよくありました。

また、出産後もトラブルとは無縁の生活を送ることができました。

第一子のときには12kgも増えてしまった体重を落とすのにとても苦労したので、第二子のときには、ピラティスで7kg増にとどめたので、すぐに体重も元通り。

ピラティスを続けていると正しい姿勢と筋肉の使い方が身につきます。高いところのものを取ったり、重たいものを持ったりということも安全にできるようになるので、赤ちゃんをおんぶしたり、抱っこしたりしながら家事をやる動作が実にスムーズにできました。ピラティスは育児だけでなく、家事のためにも役立つ知恵と力なのです。

妊娠中のストレスや産後うつにもピラティスを

女性は40歳を過ぎると、妊娠していなくても糖尿病のリスクが増えますが、妊娠糖尿病も35歳から発症リスクが25歳未満の7～8倍に増えるそうです。妊娠という身体に対する巨大なストレスで確率が高まるのです。これは自分と赤ちゃんの分、合わせて1・5倍の血流が身体の中を流れることが原因です。高血圧、たんぱく尿、浮腫などが出たり、腎臓の機能も低下。さまざまなリスクの中、さらに精神的にも仕事や子育てについて葛藤や罪悪感を持ちやすい時期です。出産後、10～15%のお母さんに「産後うつ」の症状が発生するといわれています。

２０１２年、厚生労働省は、子どもが2歳半の時点で仕事をしている母親の割合は46・5％と発表しました。半数の母親が働いている現代ですが、子どもに接する時間が少ないことに罪悪感を持ち、仕事の進みが悪く不安になる……。

35歳過ぎまで仕事に力を注ぎ、ずっと思考の世界で生きてきましたが、いきなり本能の世界になる妊娠も育児も、頭で考え思考を巡らせるとうまくいかず、うつ病になりやすいとされています。さまざまな不安を払拭するためにも、私はピラティスを続けました。

子どもが寝た後や早朝にピラティスをすることで、自分の身体を客観的に見る時間を持てました。「ああ、私、ここの力を抜けば楽になるんだな」とか、「なんでこんな風に悩んでいるんだろう……」など、ピラティスをしながら身体に向かって話しかけるように動かし続けました。そうすると、不思議と子どもを産むことに勇気と自信があふれてきました。

こうした経験から高齢出産をする女性にとって、自分を癒すひとつの方法がピラティスだと確信しているのです。

高齢出産のリスク軽減から、産前・産後の身体のケアまで

私の経験談から、ピラティスは妊娠を考えている女性はもちろん、めでたく妊娠した方、さ

らに産後まで、赤ちゃんとかかわりを持つ女性にこそやってほしいメソッドです。35歳以上の方に安心して出産、育児ができるための準備としてピラティスをおすすめします。

まず、妊娠すると身体のホルモン環境が大きくかわり、それまでトラブルとは無縁だった女性にも痛みや不調が起こってくる時期。これは先述したように、リラキシンホルモンのためといわれています。

妊娠・出産にともなって分泌されるリラキシンホルモンは、全身の関節や関節を支えている靭帯を緩める働きがあり、この緩んだ関節や靭帯を支える筋肉が疲労を起こしてしまいます。

さらにお腹が大きくなると重みがかかることで、緩んだ関節や靭帯を支える筋肉にも負担がかかるため、痛みの神経が刺激され、腰痛や膝痛、首や肩痛などを起こすそうです。

特に腰痛を起こす方が多い一因は背骨のアライメント（構造、並び）が悪いためです。背骨は重たい頭から骨盤を支えるために、適度なS字カーブを描いています。

しかし、妊娠してお腹が大きくなるとこのカーブがきつくなり、いわゆるお腹が前に出てお尻が突き出る「反り腰」になってしまいます。この結果、脊椎（背骨）や椎間板に余分な力がかかってしまいます。

また、出産後に育児が始まり、夜間の授乳、抱っこと、身体にさらなる負荷がかかるため、疲労は続きます。また、落ちた筋肉を戻す機会がありません。抱っこの姿勢で猫背になり、左右のアンバランス（歪み）を招きます（40ページ、正しい姿勢を参照）。高齢出産の場合、筋力がもともと低下していたり、硬かったりすることが多いので、関節や靭帯が緩むことによって痛みが出やすく、トラブルが多くなります。

ピラティスで体幹を強化し身体の軸をつくり、背骨や骨盤を正しい位置に安定させます。また、腰痛などの予防改善につながり、さらには姿勢が良くなることで筋肉が正しくつき、基礎代謝も上がります。シェイプアップしやすくなるのです。

不妊症で長年悩む女性が妊娠することも……

「妊孕性《にんようせい》」（妊娠できる能力の意）という言葉があります。20代の妊孕性を「10」とした場合、30歳で「9」、35歳で「8」、40歳では一気に「1」まで落ち込むという数字が出ています。また、35歳以上では、不妊症の治療をしていても、妊娠できる割合は約4割、40歳以上は3割台に落ち込みます。

私は生理がない期間が2年以上も続いたにもかかわらず、一度も自然妊娠（しかも高齢出産）という幸せに恵まれました。このことはピラティスと無縁ではないと思っています。

私の生徒さんには不妊治療中にピラティスを始め、妊娠した方がたくさんいらっしゃいます。

お一人は、冷え症や生理不順で悩んでいる方でした。ピラティスを始めた当初は背骨の動きが硬かったのですが、続けているうちに体幹が鍛えられ、しっかりとした姿勢になりました。背骨をはじめ、全身の姿勢が良くなり、冷え症と生理不順が改善。それから間もなく、妊娠され、大変喜ばれました。

もうお一人は運動が苦手で、それまで他のエクササイズなどは続かなかったという方でした。レッスンにやってきた当初は「何をやってもダメなんです」と、ご自身にネガティブなイメージをお持ちでしたが、ピラティスで身体の使い方を知り、身体づくりを行っていくうちに自信がみなぎり、生き生きとした表情に変わっていきました。

肩こりや倦怠感などで悩んでいたそうですが、そうした不調もすっかり良くなったと笑顔でピラティスに通われ、やがて妊娠されました。

ピラティスをすると、全身の血流が良くなります。また、呼吸法も含めたピラティスのメソッドによってリラックスし、副交感神経が優位になると精神的ストレスが解消されます。ハードすぎるトレーニングは、必要以上に交感神経を優位にさせ、緊張状態が続きます。幸い治療中もポジティブに妊娠準備を進めることができます。

また、最近の研究では肥満が不妊や生理不順の原因のひとつであることが明らかです。肥満の人に多い脂肪細胞は「アディポネクチン」というたんぱく質をつくります。肥満でアディポネクチンが減ると、卵巣の皮が分厚くなって卵子がうまく育たなかったり、排卵しにくくなったりすることもわかってきました。

ピラティスで身体の深い部分の筋肉を使えるようになると、姿勢が良くなり、身体を動かす効率もアップします。さらにピラティスの爽快感によって気分が良くなると、ストレスコントロールが上手になるので過食や間食も抑えられます。

ピラティスは医師の元で不妊治療を続けながら、体調や生活習慣を整えて、前向きに妊娠のチャンスを広げていこうと、今、多くの女性に注目されています。

ピラティスによる体質改善

＊**正しい姿勢になる**⇩腰痛・肩こりなど、不調や痛みが改善

▼

＊**正しく筋肉が使える**⇩基礎代謝アップ↓やせやすい、肥満予防↓妊娠しやすい

▼

＊**呼吸が大きくなり、ストレスをコントロール**⇩内臓の働き、ホルモンバランスの改善

Part 2

ピラティスで始める！
妊娠前の身体づくり

ピラティスで、身体と心を整える

妊娠、出産後の身体と心の変化

女性の多くがダイエット経験者であると思いますが、運動をせず極端に食べ物を制限してやせる自己流のダイエットは、自律神経のバランスを崩すので後で大きなツケがまわってきます。「筋肉量を増やし、基礎代謝を上げればダイエットできるならば、どんな運動でもいいのでは？」と思われると思いますが、ピラティスは単なる「筋トレ」ではありません。ピラティスは自律神経の働きを整え、ホルモンバランスが良くなることが医学的にも証明されています。

産前や産後にピラティスを行っていると、自律神経系のコントロールがうまくできる身体《からだ》になります。自律神経は交感神経が高まると活動し、副交感神経が高まると休息するという大切なサーカディアンリズム（概日リズム：人の身体は地球の自転による24時間周期に合わせて、基本的な働きを約24時間のリズムで変化させている）をつくっています。

サーカディアンリズムが崩れたまま妊娠した私は、夜型の生活が習慣になっていたので妊娠中、身体が休息を求めているときも眠れないため疲れが取れず、やる気が出なかったりゆったりと幸せを感じることがなく、常にイライラが高ぶりやたらと不安な日々を送っていました。

頸椎（首の骨）と仙骨（尾てい骨の上）に副交感神経を高めるポイントがあります。姿勢を正しくし、脊椎（背骨）の動きをよくするピラティスを行うことで、バランスを整えやすくなるのです。特に正しく脊椎（背骨）を回旋する（ねじる）動作は姿勢の改善に大変良く、大きく姿勢の崩れる妊娠中も脊椎（背骨）を丸めたり反らせたり、回旋させたりするエクササイズをしていきます。

また、妊娠中の運動は、出産後の抗酸化作用がアップするというデータも出ています。若さや美しさを保つためには「やせる」のではなく、まずは「姿勢を正しくすること」がキーポイントです。

女性は初潮を迎えた後、妊娠、閉経……と、何度もホルモンバランスが劇的に変化します。特に、妊娠すると女性の身体は、妊娠初期のつわりから始まり、お腹が大きくなってからその重みによって起こる腰痛や股関節痛、ひざの痛み、さらに便秘や痔など、「私ってこんなに身体が弱かったかしら？」と落ち込むほど、その変化に驚くこともあります。

エストロゲンのピークは25歳。そこから安定して更年期のころに一気に激減。更年期の症状がきついのは、この急激な減少で身体がパニックになるからです。身体に準備する時間を与えるように、いかに緩やかにするかがポイントです。

そして、妊娠中もエストロゲンが急増し、産後に急降下することで身体にトラブルが出るのです。このホルモンの急増減を緩やかにするのが「運動」です。個々の症状の差は、20代～40代にいかに運動しているか、正しい食事をしているか、血流を良くしているかによるといわれています。20代の若い妊婦さんにはこうしたトラブルは少ないようです。若い分、身体の変化に対する対応力があり、回復力も違います。

しかし、高齢出産になる35歳からは違います。仕事で責任のある立場の方は、やりがいがある一方で、簡単には「人に頼めない」「仕事量を減らせない」ことが多く、同じ立場の男性と同じく「仕事を休みにくい傾向」にあります。そのため、出産直前まで仕事をしている女性が大勢います。そういう女性にとって、ご自身のためにも、生まれてくる赤ちゃんのためにも、妊娠中のトラブルは、ピラティスで解消してもらいたいのです。

そして、待ちに待った出産。高齢出産の女性は、陣痛にも時間がかかる傾向にあるそうです。また、早産、難産など出産が順調でなかったとき、もしくは妊娠中に病気を発症した場合、産後うつになりやすいと専門家に指摘されています。

さらに出産後は自分の身体のことを気にかけたくても、「赤ちゃん第一！　自分は二の次」になります。産後のホルモン変化は更年期に匹敵し、血液からつくられた母乳を授乳することにより、疲れも倍増。また、オキシトシンとともに幸せホルモンと呼ばれているセロトニンがエストロゲンと連動しているため、産後はエストロゲンの急激な低下により、セロトニンも急低下。精神的にも弱くなります。

育児のために、一番元気でなくてはならないお母さんの身体と心を順調に回復させるために、早くからピラティスを始めていきましょう。

ピラティスとは？

「コントロロジーのエクササイズを行えば、自分の身体が正しく機能するようになる。身体・頭・精神のバランスがよく調和した1つの統合体となる」――ジョセフ・ピラティス

ピラティスはドイツ人のジョセフ・ピラティスによって20世紀前半に提唱されたエクササイズです。ピラティス氏は幼少のころ喘息などで身体が弱く、体操やボクシングなど実践し、身体を鍛えて独自のエクササイズを生み出していきます。そして、看護兵として徴兵されていた第一次世界大戦で、傷ついた兵士のリハビリとして独自のエクササイズを実施したところ、非常に回復が早いということで、注目されました。

当時、傷病兵たちがベッドや椅子の上でも行えるよう発明された器具は、現在もピラティススタジオにて使用されています。

ピラティスの動きの原則

1	身体全体の動きの統合	5	コントロール
2	呼吸	6	センタリング
3	バランスの取れた筋肉の発達	7	正確性
4	集中	8	リズム

呼吸や動作を中心に集め、コントロールしながら、集中してエクササイズに取り組めば、正確さが生まれます。
リズムに乗った滑らかな動きになることを目指して！

１９２６年、ピラティス氏はニューヨークで奥さんとスタジオを開設。ダンサーたちの間で腰痛やひざの痛みなどのトラブルが劇的に解消できた、と大人気となりました。

ピラティス氏は、自身で考案したこのエクササイズを「コントロロジー」と名付けていました。ピラティスはエクササイズというより、「哲学」と言われています。

コアを鍛えるのはそのひとつで〈脊椎（背骨）を引き伸ばすように〉〈腹圧をかけ続けること〉などピラティスで行ったことを「日常生活においても使っていくようにしなさい」という教えです。

「ピラティスはヨガとどう違うのか？」と聞かれることがありますが、静止するポーズの多いヨガと違い、ピラティスは動き続けるエクササイズです。

私たちは日常生活において静止せずに動き続けています。ピラティスのメソッドではこうした日常の動きをより正しくするため、「リズムよく流れるように」動きながら間違った動作や筋のアンバランスを修正していきます。

すべてのエクササイズは脊椎（背骨）、または身体全体を引き伸ばしながら行います。さらに、ウエストを細くしぼるように「腹圧」をかけたまま行います。結果、ウエストの引き締めにも効果的であることがわかり、ダンサーたちだけでなく、ハリウッドスターが行い始めたことでも有名になりました。正しい筋力が使われ、深い呼吸ができるようになり、精神的にも前向きになります。

ピラティスのポイント

*「からだか心か」ではなく、「からだも心も」だ。——ジョセフ・ピラティス

ピラティスの効果は？

女性はその特性から男性に比べて筋肉量が少なく、悪い姿勢が続いたり、妊娠時に身体が変化したりすることで運動器にトラブルが起こりやすくなります。ハードな筋肉トレーニングは、無理をするとけがをする危険性もあります。

その点、ピラティスは横になった安全な姿勢からエクササイズしますので、運動が苦手な方にも、身体が硬い人にも無理なくできるのが特徴です。続けることで脊椎（背骨）の正しい動きやアライメントを導き、左右バランス（歪み）も整えていきます。エクササイズの回数を重

ピラティスの効果

1	免疫システムの強化
2	身体がすっきりと軸方向に伸張
3	姿勢から生じる問題や腹部背部痛の改善
4	体幹の強化と安定性、周囲の可動性の向上
5	障害の予防
6	動きの改善
7	強さと柔軟性のバランスの向上
8	身体への気付きの向上
9	衝撃がなく関節にやさしい
10	リハビリの患者さんからトップアスリートまで全ての方にカスタマイズできる
11	ほかのエクササイズの補完になる
12	ゴルフ・テニス・スキー・スケート・ダンスなど、スポーツのパフォーマンスを改善
13	バランスとコーディネーション、循環を改善

出典：クリーブランドクリニックのWebサイトより抜粋。Cleveland Clinicは、オハイオ州クリーブランド市に本拠地を置き、研究と教育を基に臨床と医療ケアを統合させた非営利医療機関。

ねるたびに自信がつき、心身ともに美しくなっていく様子がわかります。

ピラティスの効果は医学的にも実証されており、例えばアメリカ・オハイオ州で有名なクリーブランドクリニックによれば、「免疫システムの強化」「腰部背部痛の改善」「身体がすっきりと軸方向に伸張《しんちょう》（広がる）」など多岐に渡っています（上記の表参照）。

なかでも、「神経伝達能力（反射神経）の向上」には注目です。ピラティスを行うことで筋肉を意識的に収縮、伸展する動作を行うと、これらの神経系が発達し、身体はすばやく反応し、思い通りの動作が可能になります。

不意に子どもを抱き上げる、飛び出しそうになった子どもにかけよる、子どもを転倒から守ることなど、神経伝達能力が発達することで、日々の育児に役立つ身体づくりができます。

ピラティスの基本

まずは、普段は意識しない体幹の筋肉や骨を意識し、正しく使えるようにエクササイズしていきます。

本来ならば無意識でも手足が動くときにはまず、手足それぞれの筋肉ではなく、体幹の筋肉が動くのです。それは、末梢神経の起点が骨盤や背骨にあるからです。たとえば脊椎（背骨）のすぐ横についている筋肉を押さえながら、机の上のコップを持とうとしてみてください。脊椎（背骨）の横の筋肉が「ピクリ」と動くのがわかると思います。連動しているどころか、神経によって先に反応するのです。

これから赤ちゃんを産む方は、背骨の成長過程を観察できるので、とても貴重なチャンスです。ぜひ、よく見て楽しんでください。

まず、赤ちゃんは産まれてすぐ「オギャー」と大きく胸をふくらませて呼吸をします。ピラティス氏の有名な言葉で「呼吸は人の始まりと終わり」というものがあります。つまり、正しく呼吸することが何よりも大切だというのです。さらに、あおむけの状態でも四肢は大きく動きます。身体をねじる動きができるようになると回旋を始め、「寝がえり」ができます。つかまり立ちをするときは背骨を少しずつ重力から動かし、やがて腰がすわり、「おすわり」ができるようになります。次に第一の脊椎（背骨）のカーブ「頸椎」がつけるようになり頭を引き上げ、「首がすわり」ます。背筋、腹筋のバランスがよくなったところで1歳ぐらいには「つかまり立ち」ができるように。そして、第二のカーブ「腰椎」のカーブができるのです。

こうした一連の成長は体幹の筋肉ができあがっているからこそ育まれるものです。体幹の筋肉によって脊椎（背骨）のアーチがしっかりとできあがり、身体を支えることができ、人間として二足歩行が可能になるわけです。赤ちゃんから素晴らしいバランス能力をつくりあげます。

ところが、大人になるにつれ、体幹の筋肉は使われにくくなります。というのも私たちの日常は昔の人のように、狩りをしたり、畑仕事をしたりという原始的な動きがなくなりました。逆にパソコンや携帯電話など便利なツールが普及し、手足のごく一部の筋肉を動かすだけで日常生活がこなせるようになりました。

このため、加齢とともに体幹の筋肉は衰え、脊椎（背骨）の動きが悪くなっていきます。

【ポイント1 腰のアーチ】

特に重要となるのが腰椎のカーブ（前弯）をつくっている「腸腰筋」という筋肉。腸腰筋は

体幹と脚をつなぐ腸腰筋をイメージしよう

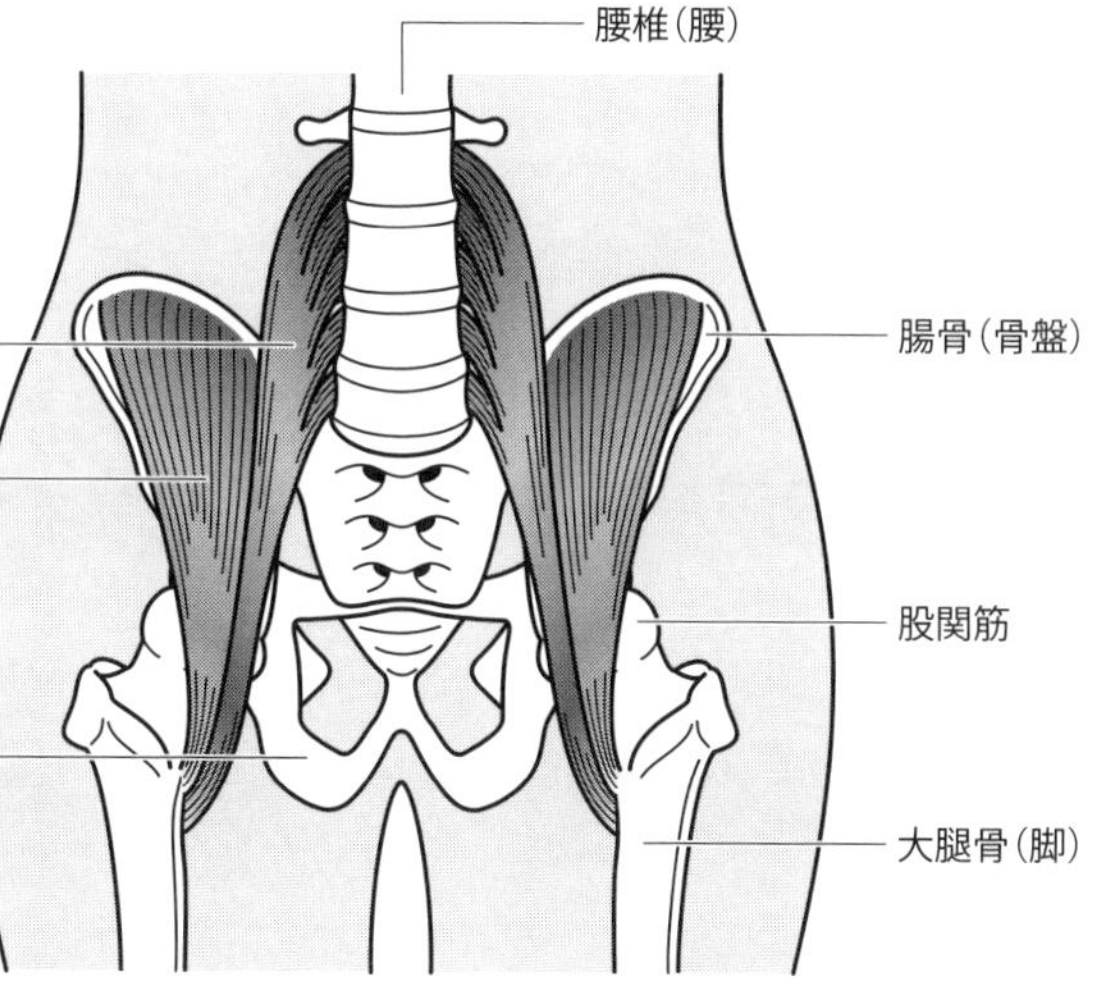

腰椎と太ももの骨である大腿骨を結ぶ筋肉群の総称。大きな力を発揮します。

腸腰筋が不足していたり、使う機会がなく硬く縮んでいると姿勢が保持できず、さまざまな動きに余計な負荷がかかります。このため、痛みやこりなどの不調が出やすくなるのです。

さらに、姿勢が悪くなることで横隔膜の動きが悪くなります。横隔膜は、腸腰筋と連動しているので、硬くなり萎縮してしまいます。これにより股関節も動きが悪くなり、前かがみになります。ただでさえ家事や育児は前かがみで、身体の前側の筋肉ばかり使います。仕事中も同じです。生活全般、寝ているとき以外、前かがみになることばかりです。

女性に多い背中や腰の痛みの多くは、この腸腰筋が不足していたり、硬く縮んだりしていることが原因といわれています。

腸腰筋が硬く縮んでいると背筋をまっすぐに伸ばすことが難しくなるため、背筋を伸ばすのに余分な力を使わなければならなくなります。この結果、背中や腰への負担が強くなり、背中の痛みや腰痛となってあらわれるのです。

また、腸腰筋にトラブルがあると骨盤が正しく立ちません。つまり、正しい前弯の形が保持できず、椎間板に負担がかかるので、椎間板ヘルニアなども起こしやすくなるのです。

そこでピラティスではまず、この腸腰筋の筋肉を使えるようにし、腰椎の正しいアーチをつくることを重要視しています。

【ポイント2 胸のカール】

そして、次に大切にしているのが胸椎のカール（丸める）です。

多くの方は猫背のまま長年過ごし、ここの動きが出ません。無理に直そうとすると、代わりに腰部を反らせてしまい腰痛になったり、または肩が上がり肩こりになったり、腹筋を伸ばし過ぎてぽっこりお腹になってしまいます。

正しい後弯をつくるために、胸部のコアの筋肉である前鋸筋《ぜんきょきん》や胸横筋《きょうおうきん》をつくっていくエクササイズを実施します。これらの筋肉をつくると肩甲骨が安定し、肩こりが解消。生まれてきた赤ちゃんをしっかり抱っこでき、肩こりに悩まされずにすみます。

正しい姿勢は脊椎（背骨）のS字カーブ
脊椎（背骨）や骨盤を支えるさまざまな保持筋

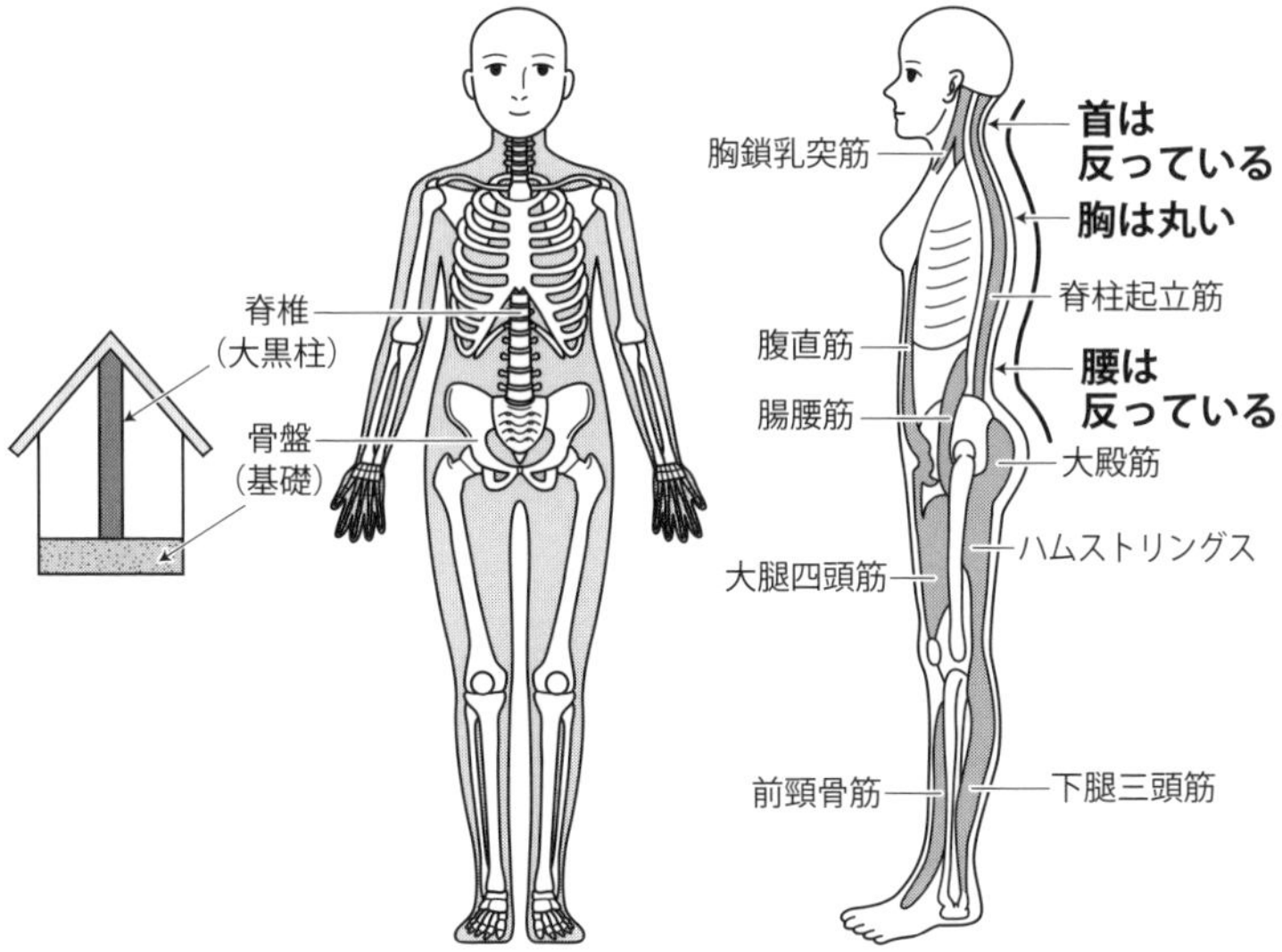

このようにピラティスは、姿勢を保持するさまざまな「保持筋」を使えるようにしていきます。保持筋は全身のバランスをとるための筋肉で、普段から意識しなかったり、エクササイズをしないと筋肉は使われにくいので、継続して正しくピラティスをする必要があるのです。

正しく手を上げると、肩甲骨も連動して動くシステムになっている肩関節。

しかし、猫背のまま手を上げても肩甲骨は動かず、内外の筋力バランスを崩し、若くとも四十肩になります。

悪い姿勢での代償は、思わぬ日常からやってきます。背骨の正しい「S字カーブ」を維持する大切さを知り、普段から正しい姿勢を意識しましょう。

[1] 立っている場合

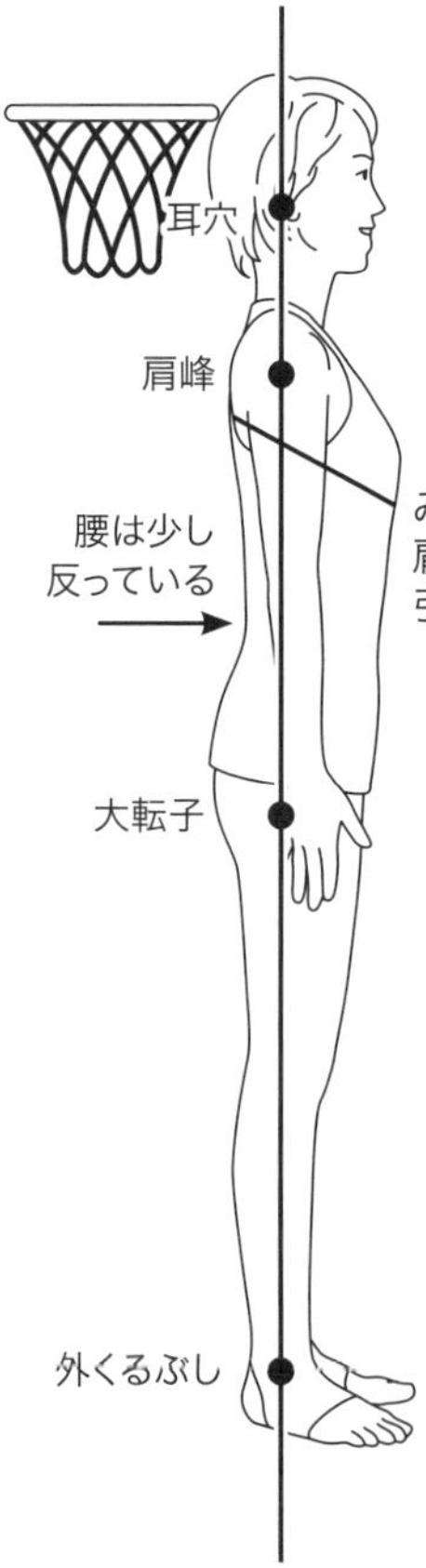
側 面
耳穴
肩峰
腰は少し
反っている
みぞおちと
肩甲骨は
引き寄せる
大転子
外くるぶし
プラムライン

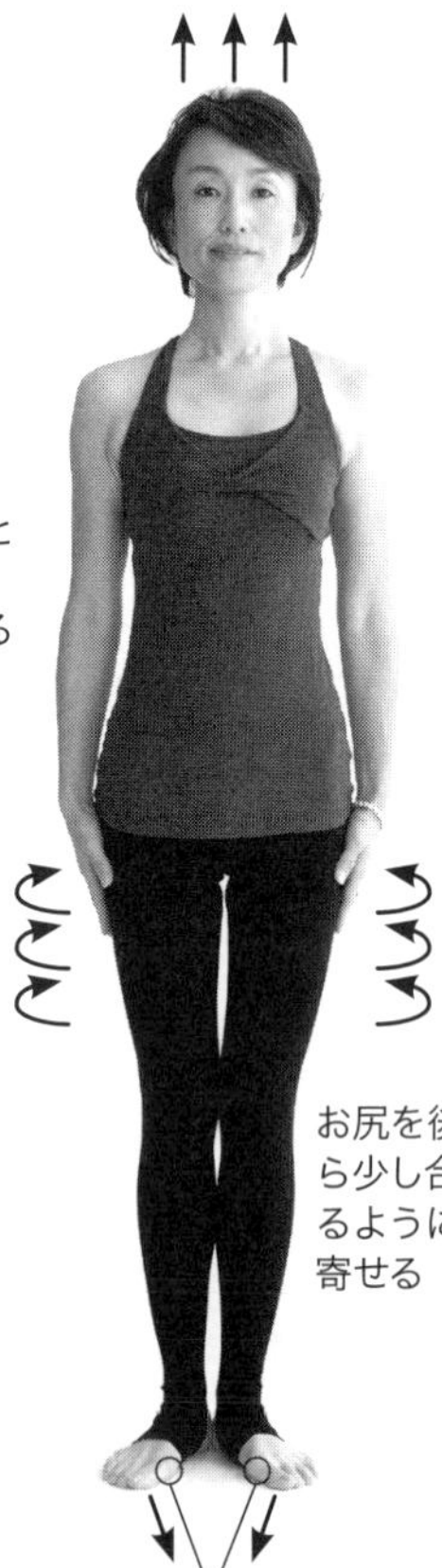
正 面
お尻を後ろから少し合わせるように引き寄せる
母指球（親指のつけ根）をしっかり床へ押す

❶壁を背にして自然に立つ。頭頂部を上から糸で吊られているようなイメージで。

❷太ももを少し外に回すようにして足はVの字に広げ、両足の間はげんこつが1個入るくらいに開く。

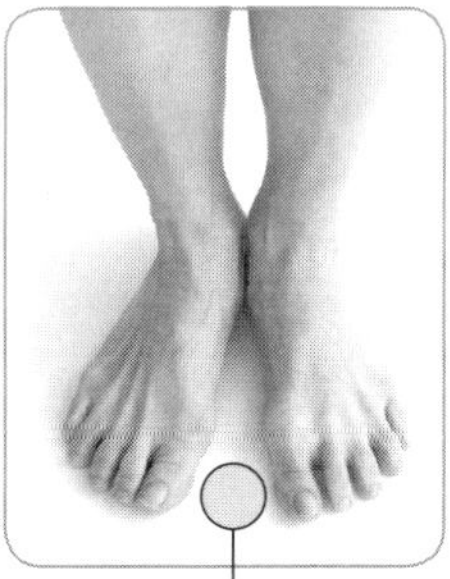
げんこつ1個分

Point

- 頭の後ろにバスケットゴールがあるようなイメージで立ちます。
- 胸骨柄と胸椎三番が同じ高さになります。
- 肩甲骨下角とみぞおちが同じ高さになります。

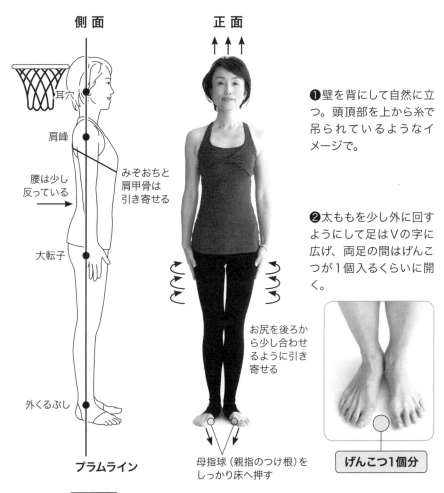

壁に背中をつけて立つと、今のあなたの姿勢がわかります。

猫背の場合

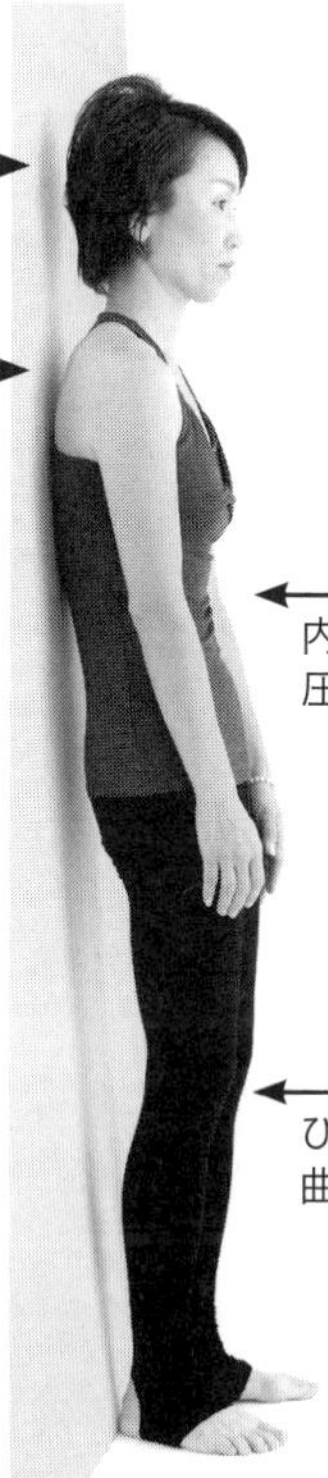

頭が壁に
ついていない
肩甲骨が壁に
つかない
内臓を
圧迫
ひざが
曲がっている

産後はこの姿勢になりやすい

胸が圧迫されるほか、肩こりやぎっくり腰などの症状を引き起こす。

そり腰の場合

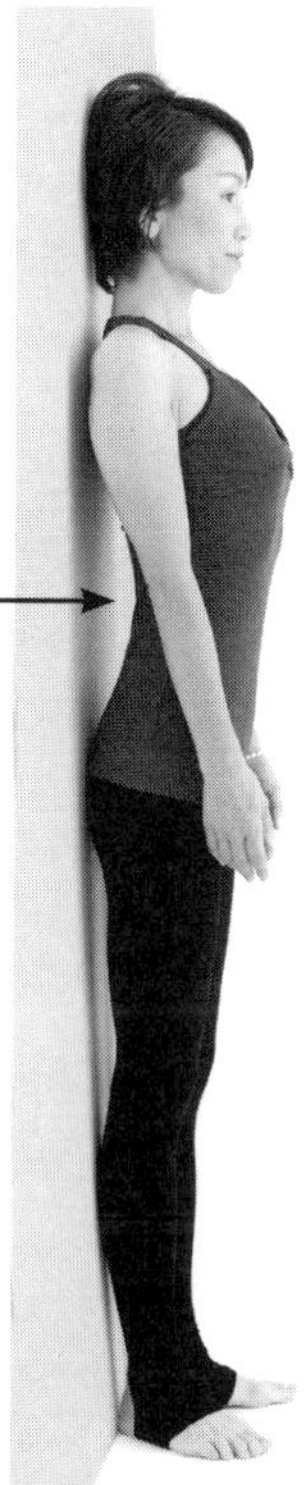

胸の裏まで
大きくアーチ
している
（反っている）

妊娠中はこの姿勢になりやすい

背中、腰が痛み、内臓を圧迫し、早産にもなりやすいので注意。

Point

❋正しい姿勢ができていれば、妊娠中や産後の崩れた姿勢からも早く戻すことができます。

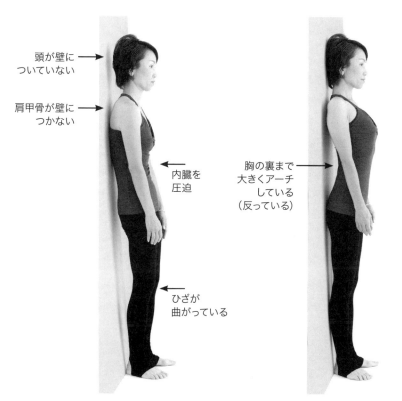

[2] あおむけの場合

◯ 正しい腰椎

胸やお尻が床にしっかりついている。ウエスト部分だけ少しスペース（アーチ）がある（腰痛の場合はアーチがなくてもよい）。

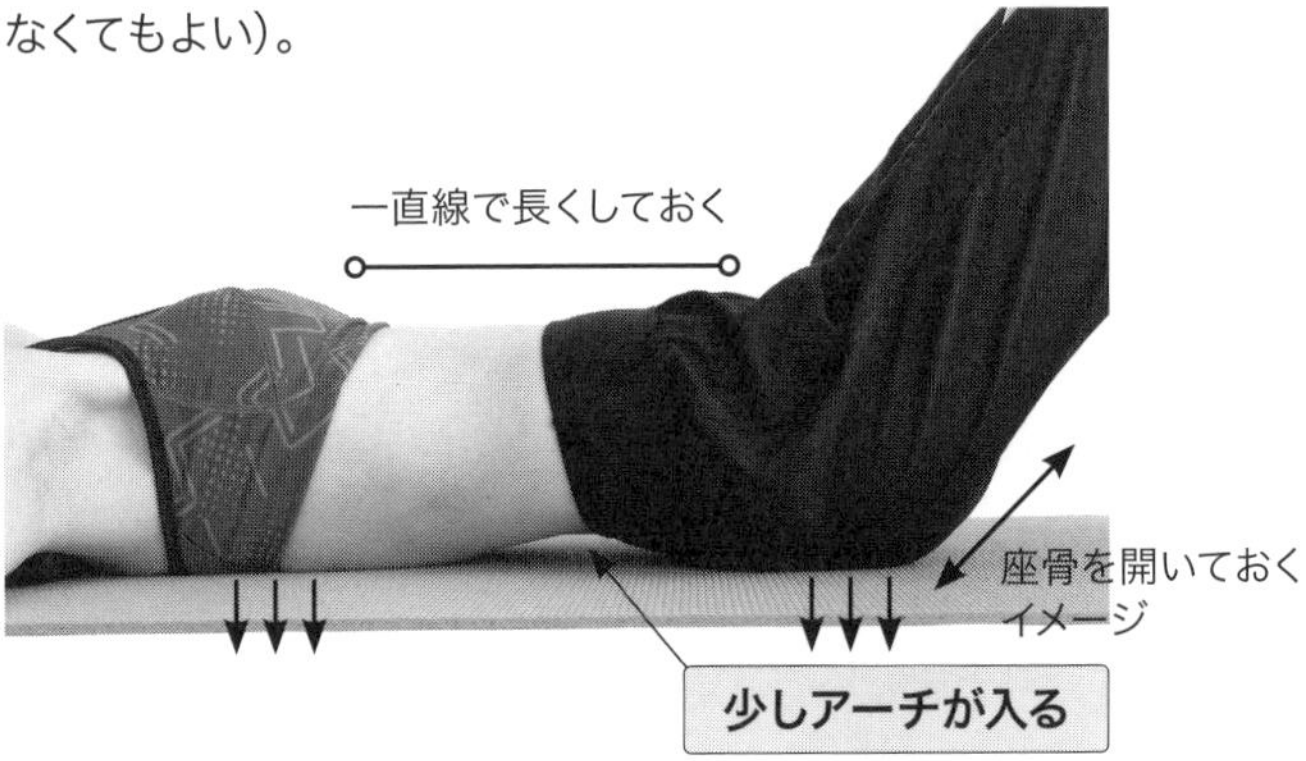

✕ 骨盤後傾しすぎ

お腹を押し込んだり、固めすぎると、脊椎間のスペースが少なくなり、痛めてしまいます。

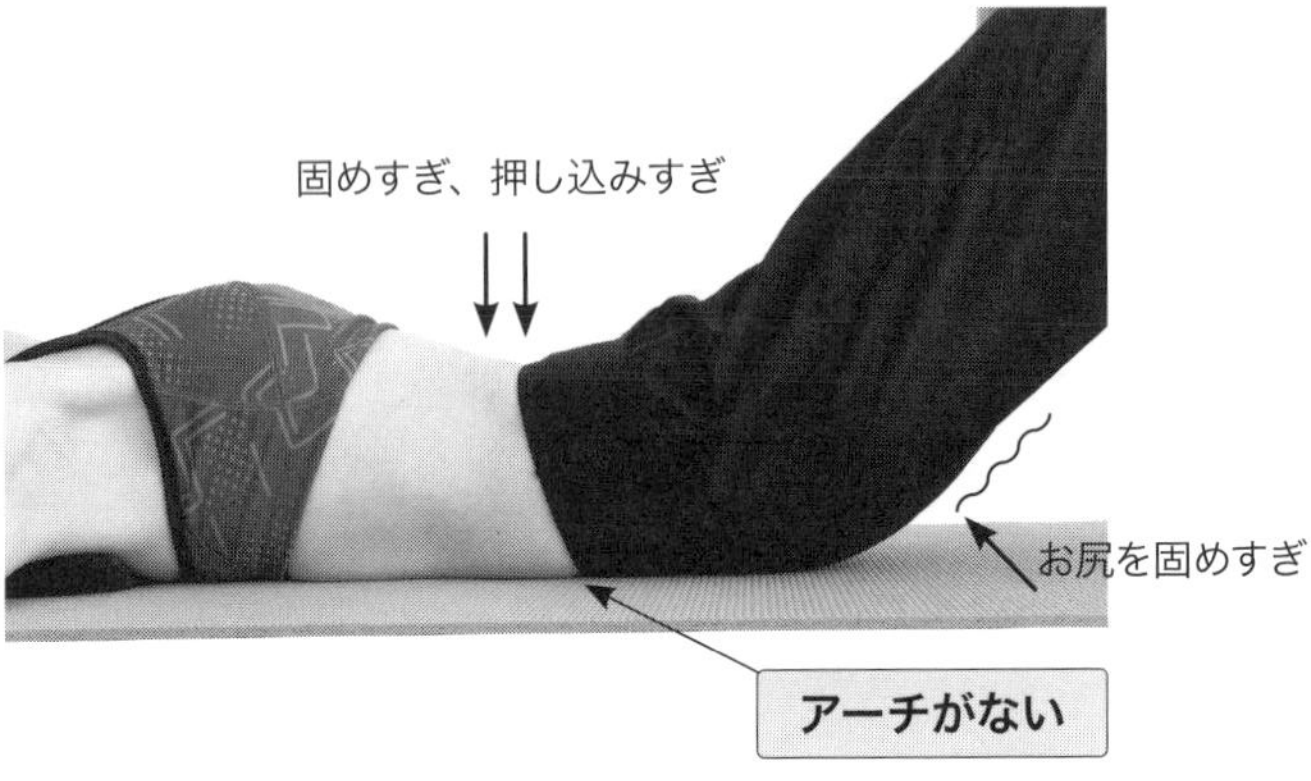

ピラティスの胸式ラテラル呼吸

[1] 吸う

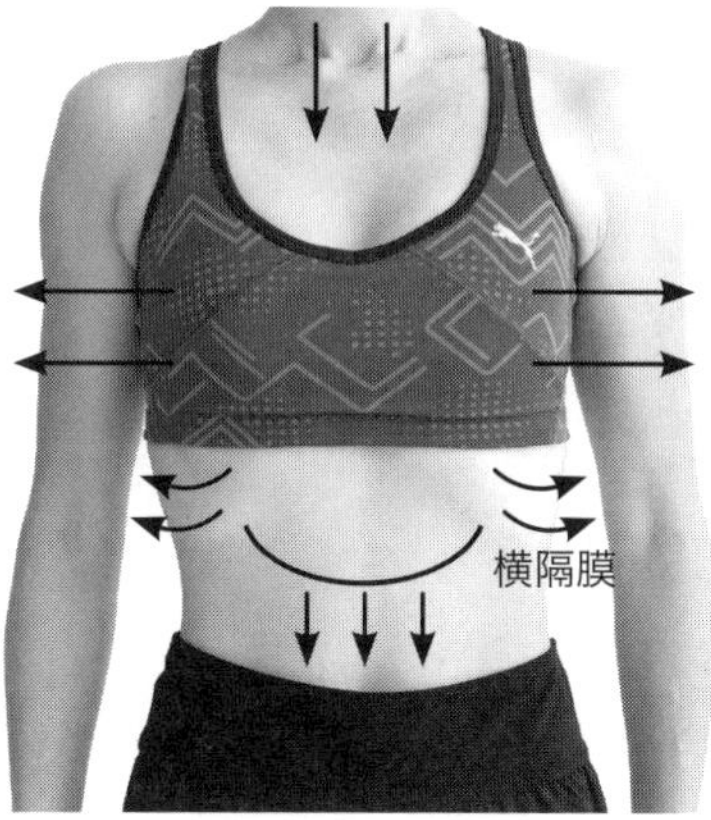

❶全身の力を抜いてあおむけに寝て、鼻や口から息を吐き切る。

❷肋骨の横や後ろが広がるように意識しながら、鼻から息を吸い込む。このとき両手を少し広げながら行ってもよい。(背中の方へ入れるイメージ)

[2] 吐く

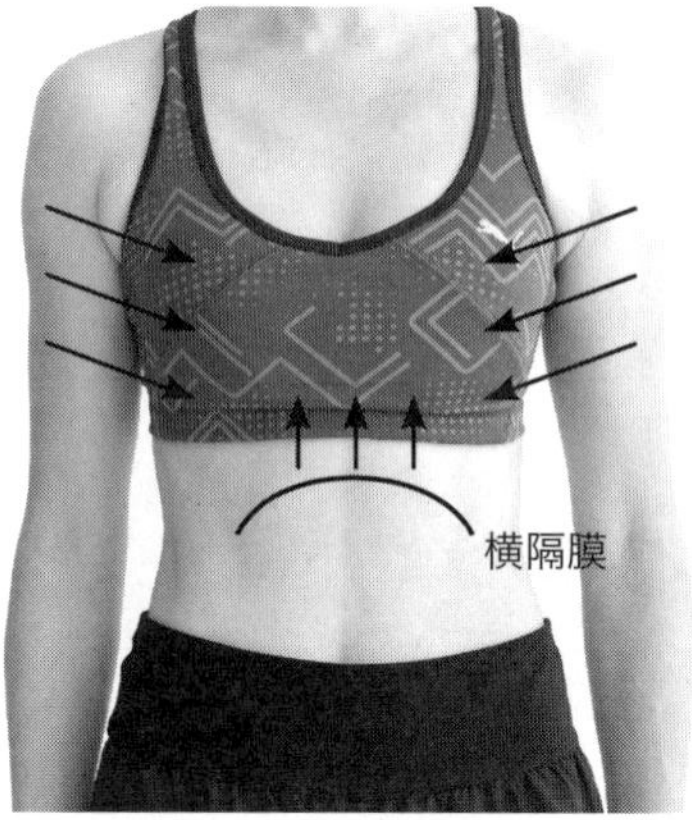

❸肋骨は元に戻るように細く長く息を吐き出す。吸い込んだときよりも、時間を長くかけて息を吐く。

Point

❋横隔膜を上げ下げし、「くらげ」のような動きをイメージしましょう(66ページ参照)。

では、いよいよピラティスの実践編に入っていきます。妊娠中、産後と、いつでもできる基本のエクササイズで身体を整えましょう。

骨盤と背骨を動かす

[1] ペルビッククロック all 5回

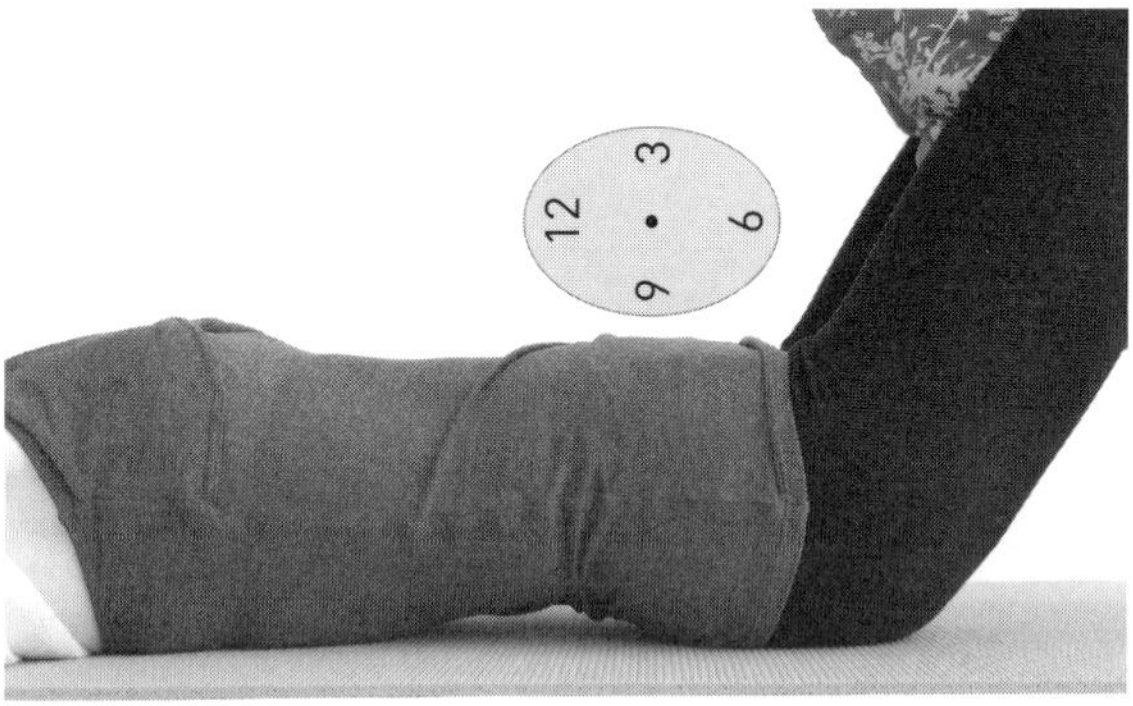

❶あおむけになり、クッションをはさんでひざを立てる。骨盤を時計とイメージする。

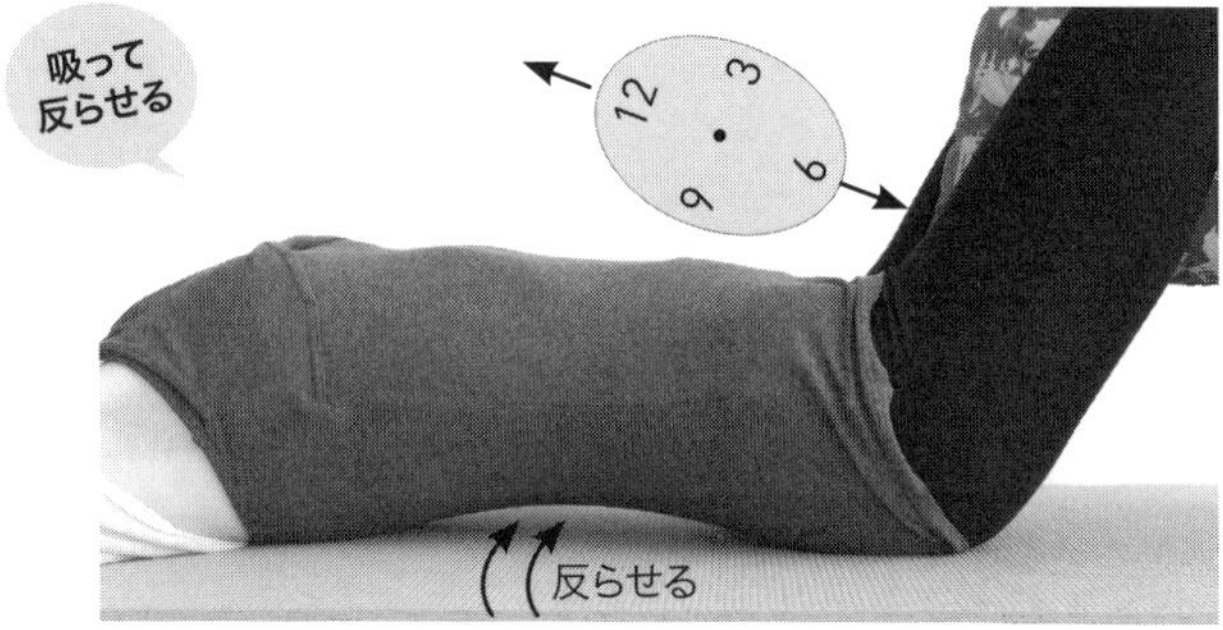

❷12時の方向を少しずつ上げていく。そして、息を吸いながら真ん中に戻す。

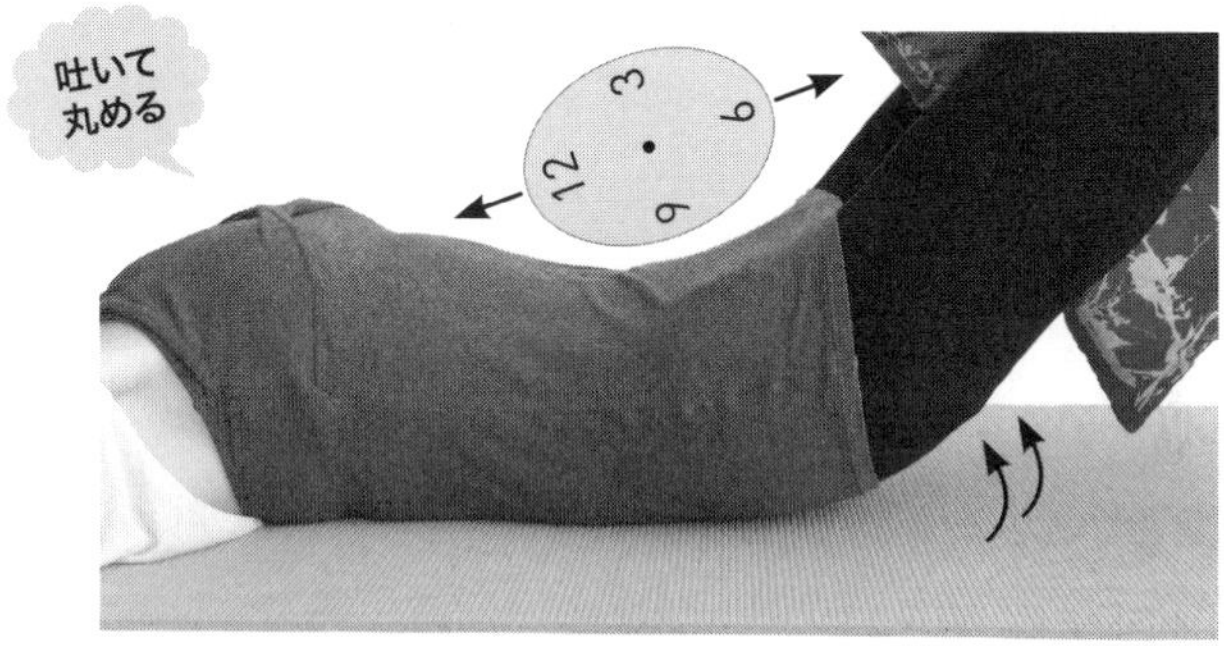

❸また吐きながら、6時の方向を上げていく。

❹この動きを繰り返し、12時と6時の方向が水平になるポジションを探す。次に左右の動き（3時から9時）も同じように行う。

Point

- 肋骨と骨盤は長さを保ち、引き寄せすぎないように。
- お腹やお尻を強く固めすぎないように。
- トイレをがまんするようにイメージすると、より効果的です。

骨盤と背骨を安定させ、腹筋をつける

［2］レッグスライド all 左右各5回

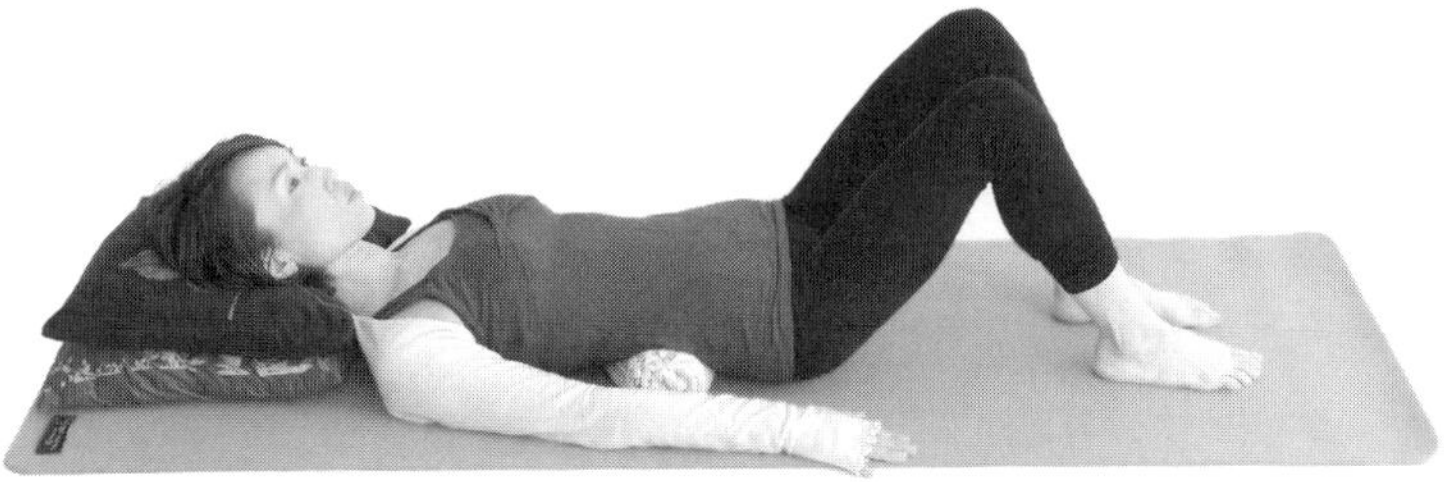

❶両ひざを軽く曲げ、両手は身体の両脇に置く。

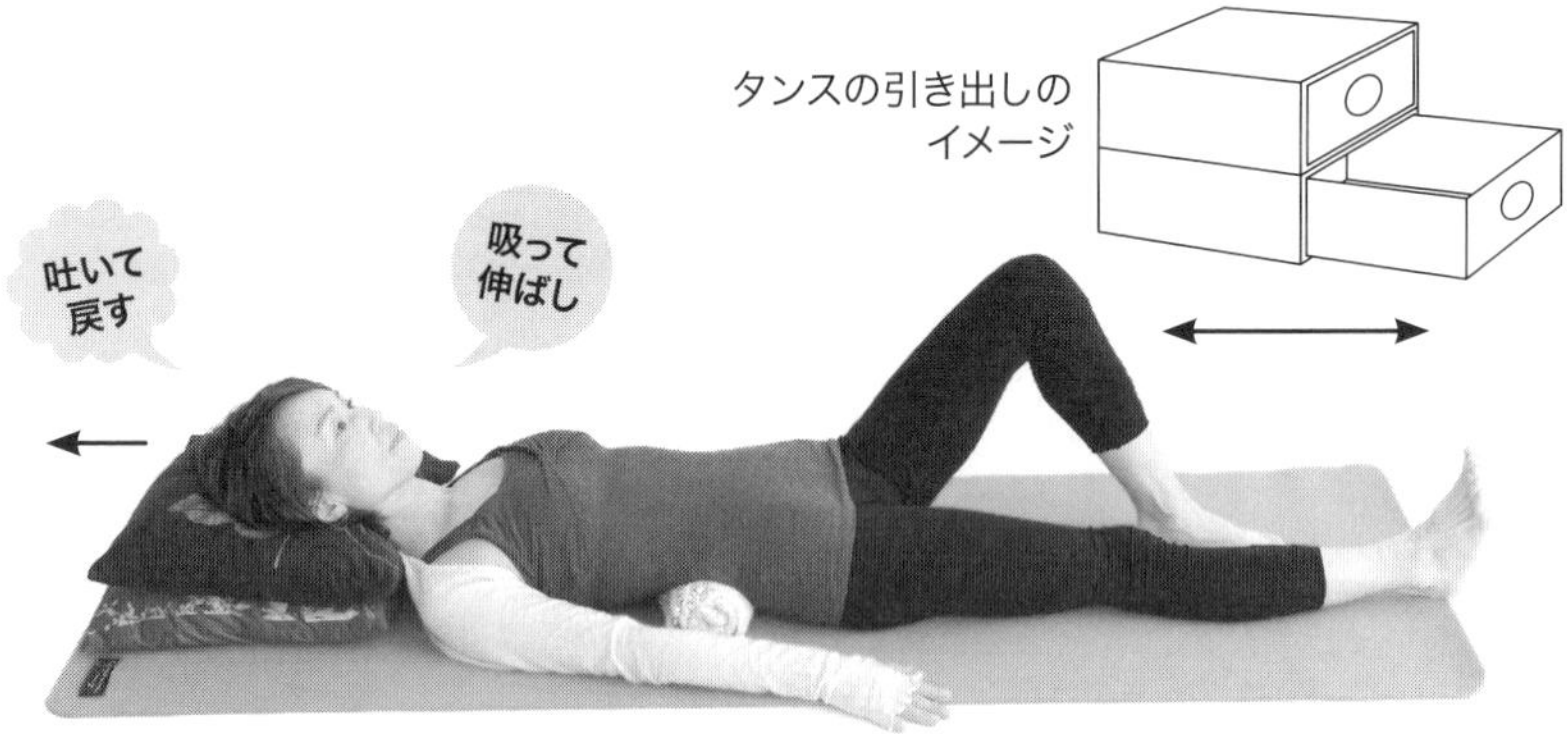

❷片方の脚を床に滑らせるようにまっすぐ伸ばす。このとき、足裏まで意識する。

Point

- 腹圧をゆるめないようにします。
- 頭から足先まで引き伸ばし続けるように。
- お腹を強く固めすぎないように注意。

※46 ～ 47ページの写真は、第二子産後10ヵ月のため腰が大きく反り、大きなタオルを入れています。実際は、ハンドタオルを丸めたものをご使用ください。

骨盤と背骨を安定させ、腹筋をつける

［3］レッグリフト all 左右各10回

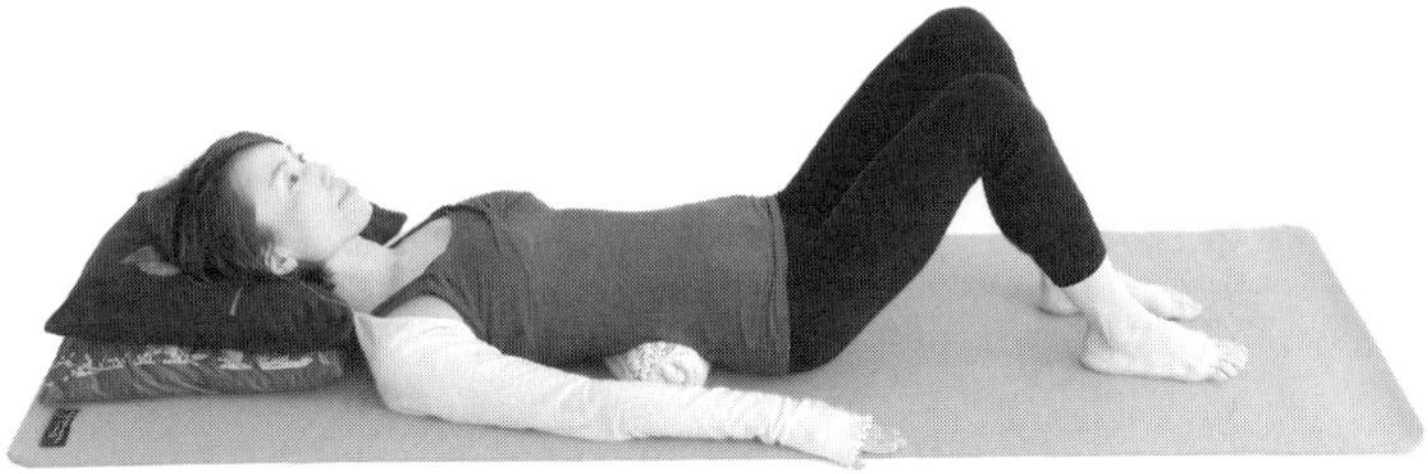

❶あおむけになり、片足ずつ脚を持ち上げる。

つり糸の
イメージ
吐いて
DOWN
吸って
UP
90°

❷腹圧をかけたまま脚を下ろす。

Point

❋腹圧をかけ続け、骨盤底筋群（ペリネ）も収縮し続けます。

Image

❋ひざから下を釣り糸で吊られているように。

下腹の引き締めと左右のバランスを改善

［4］オブリーグ all 左右各10回

❶あおむけになり、骨盤が傾かないところまでひざを横に開く。

❷ひざを中央に戻す。

✕ 悪い例

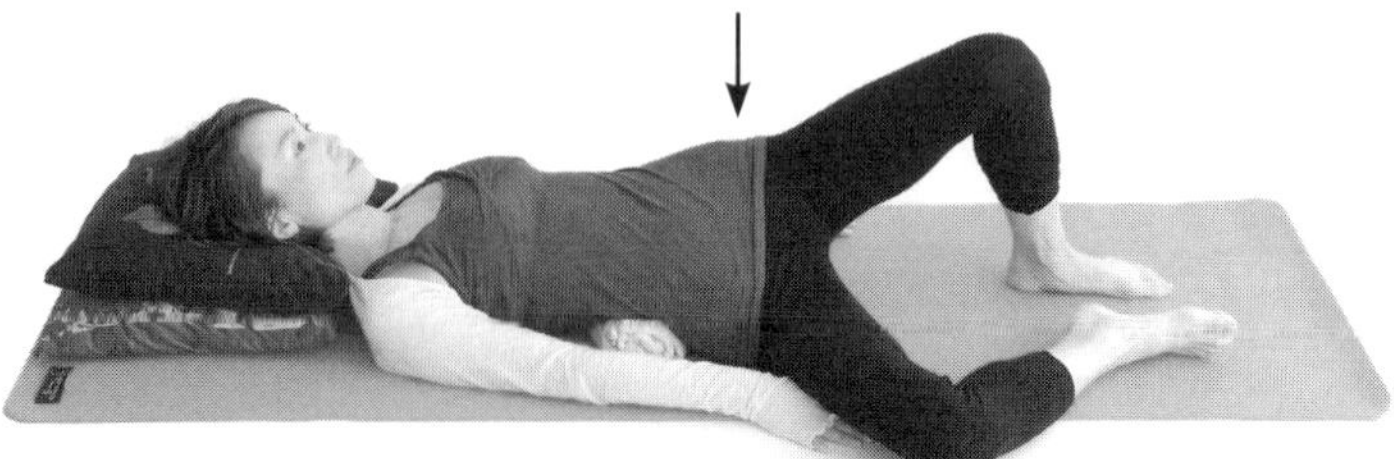

Image

✽骨盤やひざにコップを乗せているようにイメージ。

猫背、背こりの改善

[5] スキャピラーアイソレーション all 10回

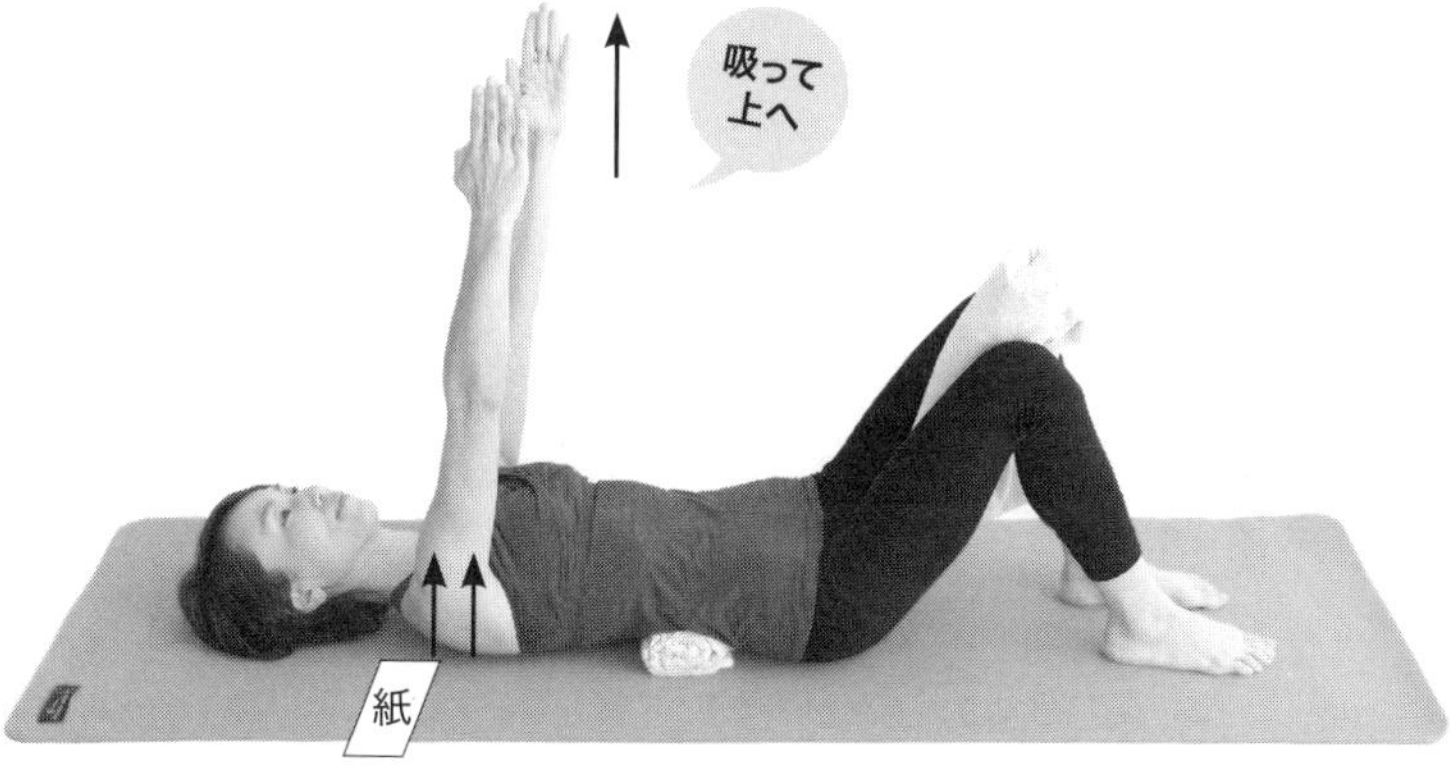

❶あおむけになり、両手を胸の前へまっすぐ伸ばす。肩甲骨を床から持ち上げる。

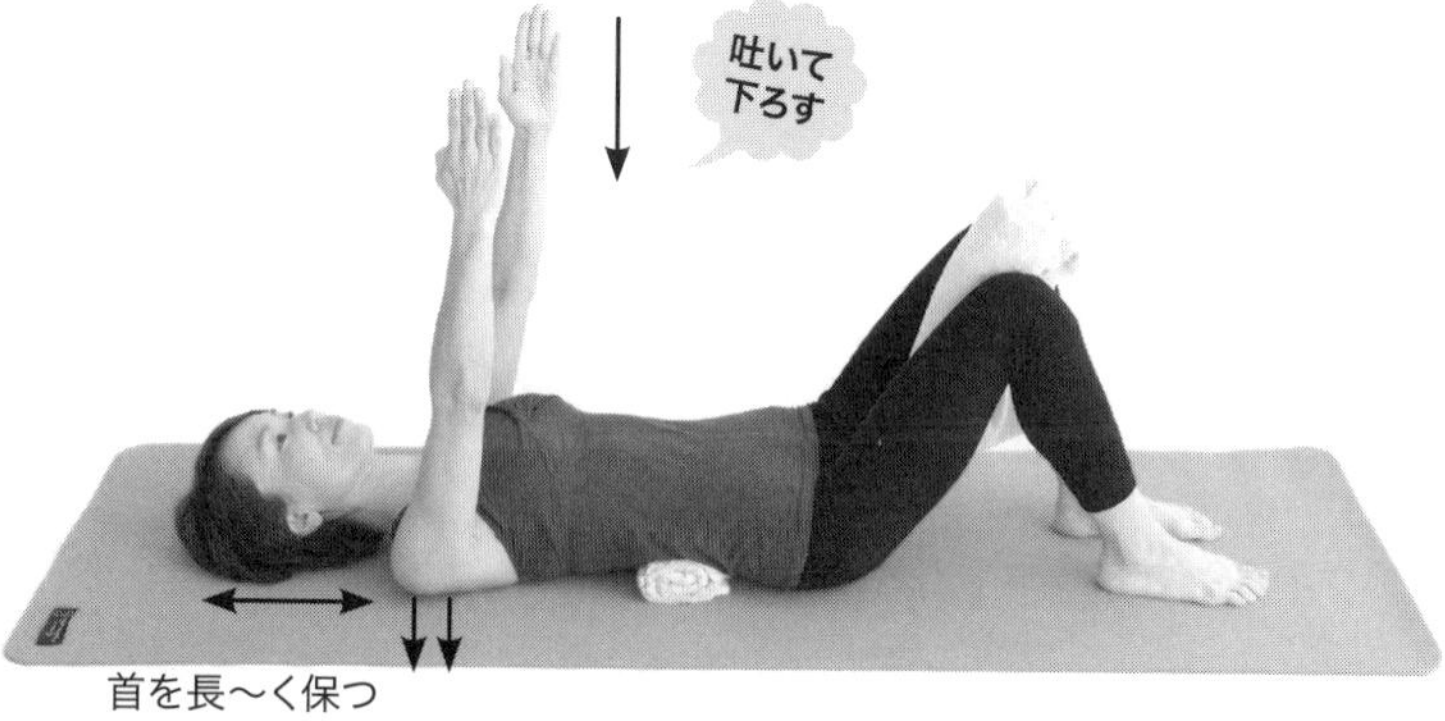

❷肩甲骨を床へゆっくり下ろす。

Point

❋猫背や肩こりの方は、肩甲骨が頭の方へ上がっていきやすいので、常に肩甲骨を下げるように注意しましょう。

Image

❋肩甲骨の下に敷いた紙を押さえるようなイメージ。

肩こり・首こりの解消に

［6］スノーエンジェル all 10回

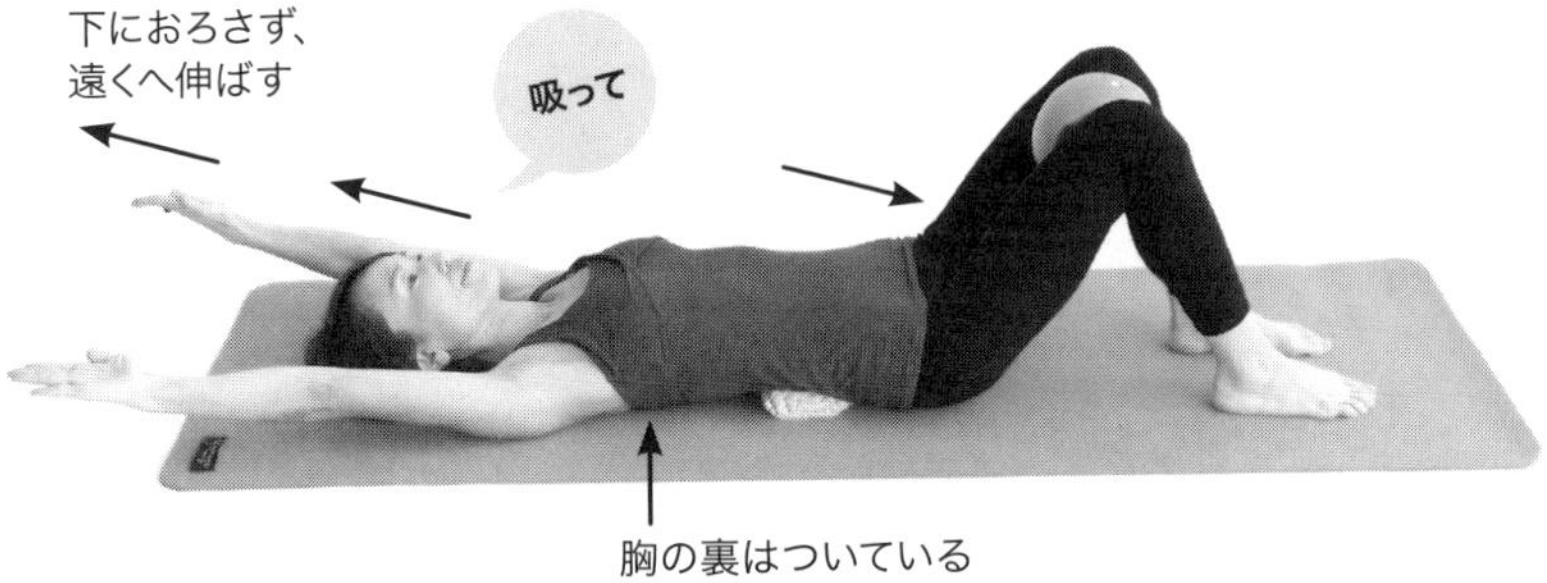
下におろさず、
遠くへ伸ばす
吸って
胸の裏はついている

❶あおむけになり、両腕を頭の上に伸ばす。

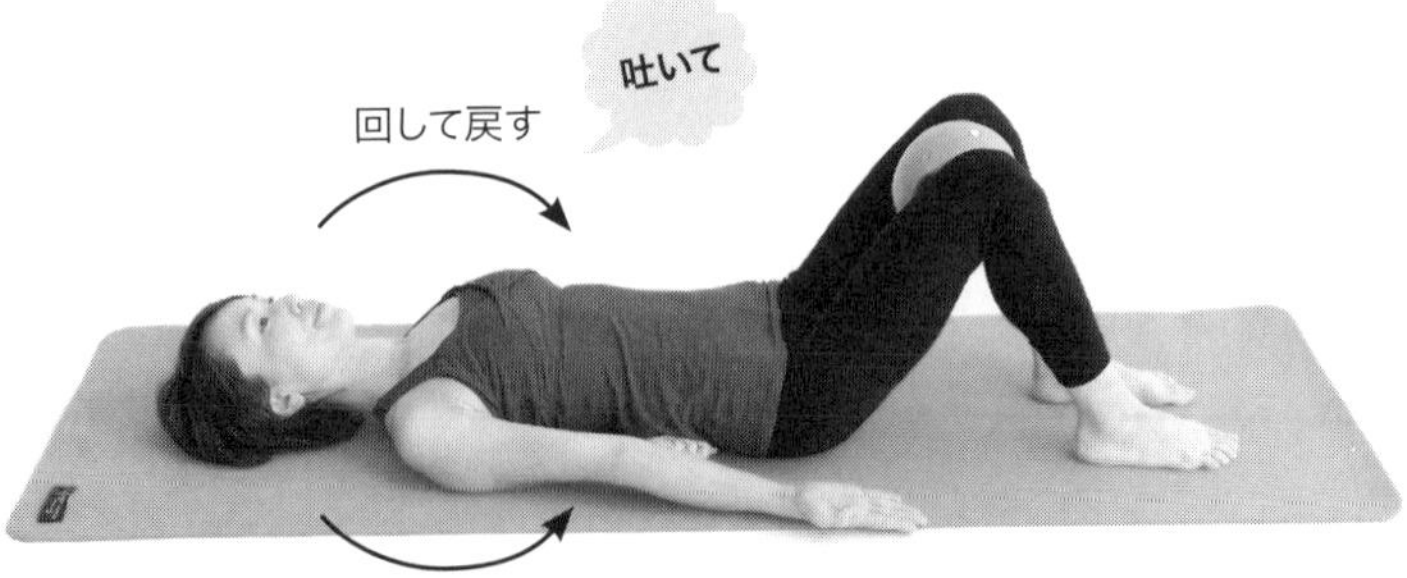
回して戻す
吐いて

❷両ひじを曲げながら脇を締めていく。腰が反りやすいので注意し、お腹を背中の方に引き込んでおき、息を吸って頭の上に両腕を戻す。

✕ 悪い例

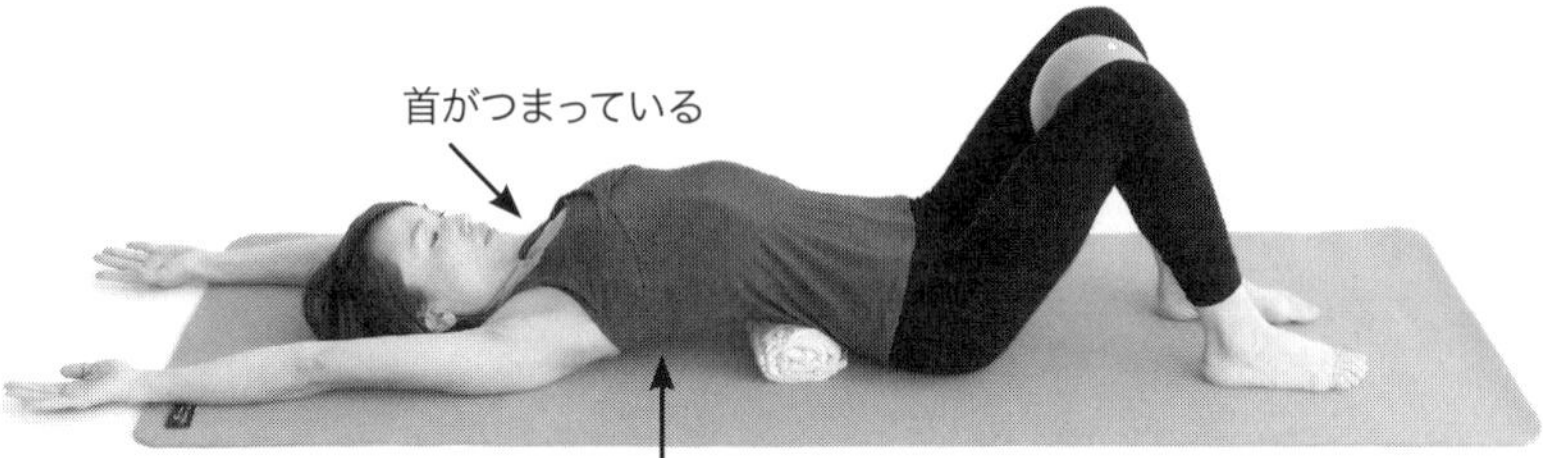
首がつまっている
反りすぎている

肩甲骨の動きをイメージしましょう

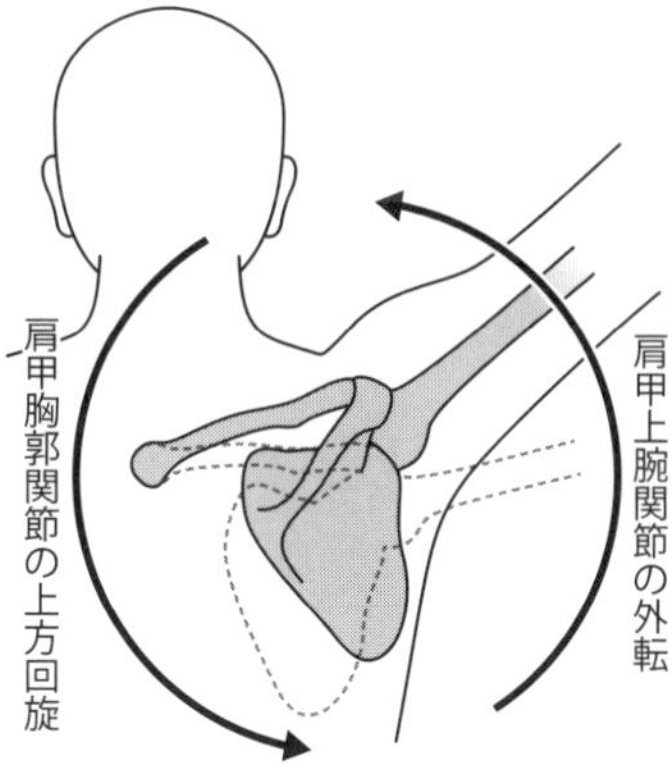
肩甲胸郭関節の上方回旋
肩甲上腕関節の外転
滑車のように回す

※上腕を上げると肩甲骨は動きます。
滑車のように回すイメージで腕を使えるようにしましょう。

猫背と四十肩の予防、改善に

［7］オープン＆クローズ all 5回

❶あおむけに寝る。胸の前に腕を伸ばし、手のひらは頭上方向にする。
肩甲骨は下げて、床にしっかりつけておく。

❷そのまま左右に大きく広げる、閉じるを繰り返す。

Point

❋腕のつけ根からぐるりと外回しし、肩甲骨が上がらないように注意しながら繰り返しましょう。

むくみ防止、血流アップ、柔軟性の向上に

［8］ショルダーブリッジ ♥ ◇① ◇② ✿ 5回

❶あおむけになり、ひざを立てて腰幅に開く。足裏は、椅子などを押しつける。

❷尾骨から肩まで順番に背骨を上げていく。

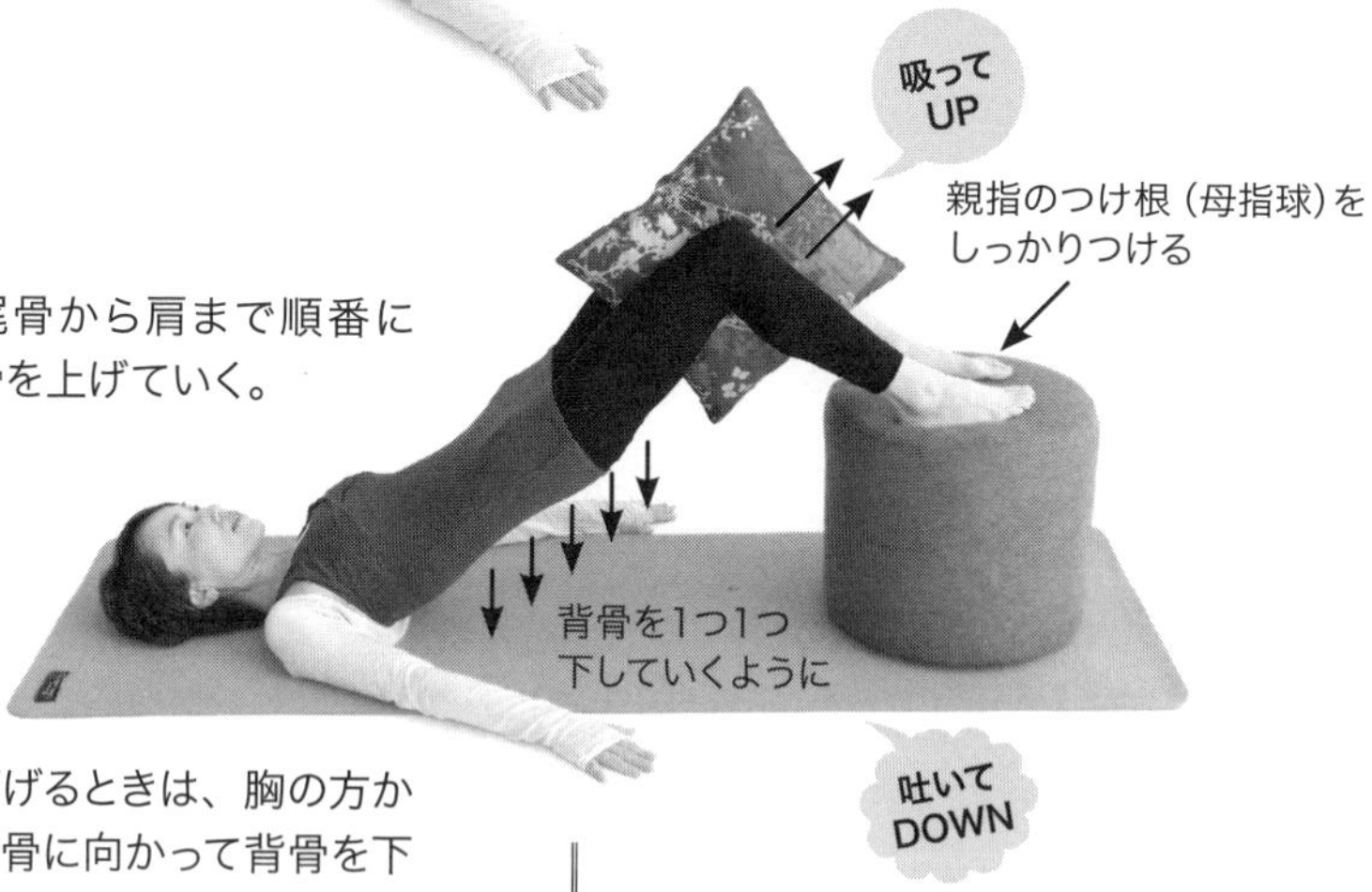

吸って UP
親指のつけ根（母指球）をしっかりつける
背骨を1つ1つ下していくように
吐いて DOWN

❸下げるときは、胸の方から尾骨に向かって背骨を下げていく。

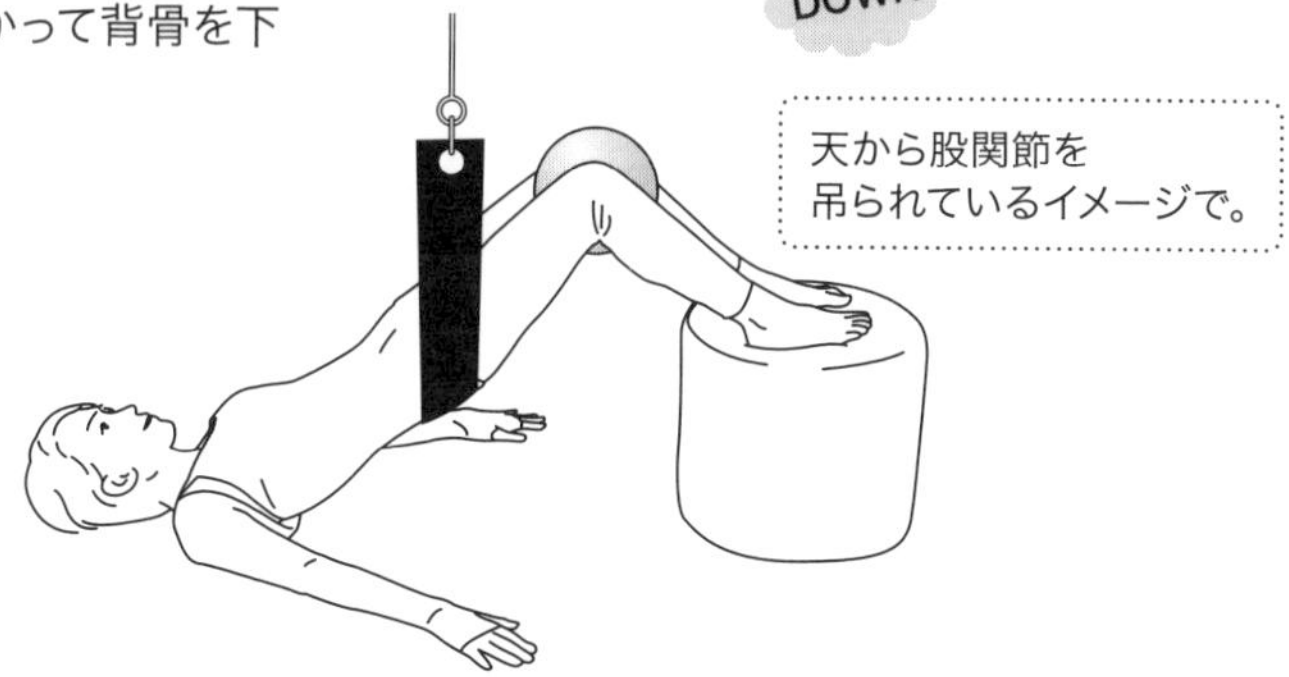

天から股関節を吊られているイメージで。

Point

- ✿腰が反りすぎたり、胸が反りすぎたりすると、腰に痛みが出ます。お尻やももの裏を意識して持ち上げましょう。
- ✿クッションや小さいボール、おもちゃなど、何でもはさんでチャレンジ！
- ✿大きな呼吸とともに、背骨を1つ1ついていねいに動かしましょう。

大きな呼吸で猫背防止と引き締まったウエストを

バックハンドレッド all 10セット

リンゴをのせる
ようにイメージする
鎖骨を広く保ち、
肩甲骨を下げる

❶椅子に座り、タオルを身体の後ろで持つ。ピンと横に張る。

吸って
5回UP
吐いて
5回UP

❷腕が上がるところまで持ち上げる。上げ下げをしながら、呼吸をする。

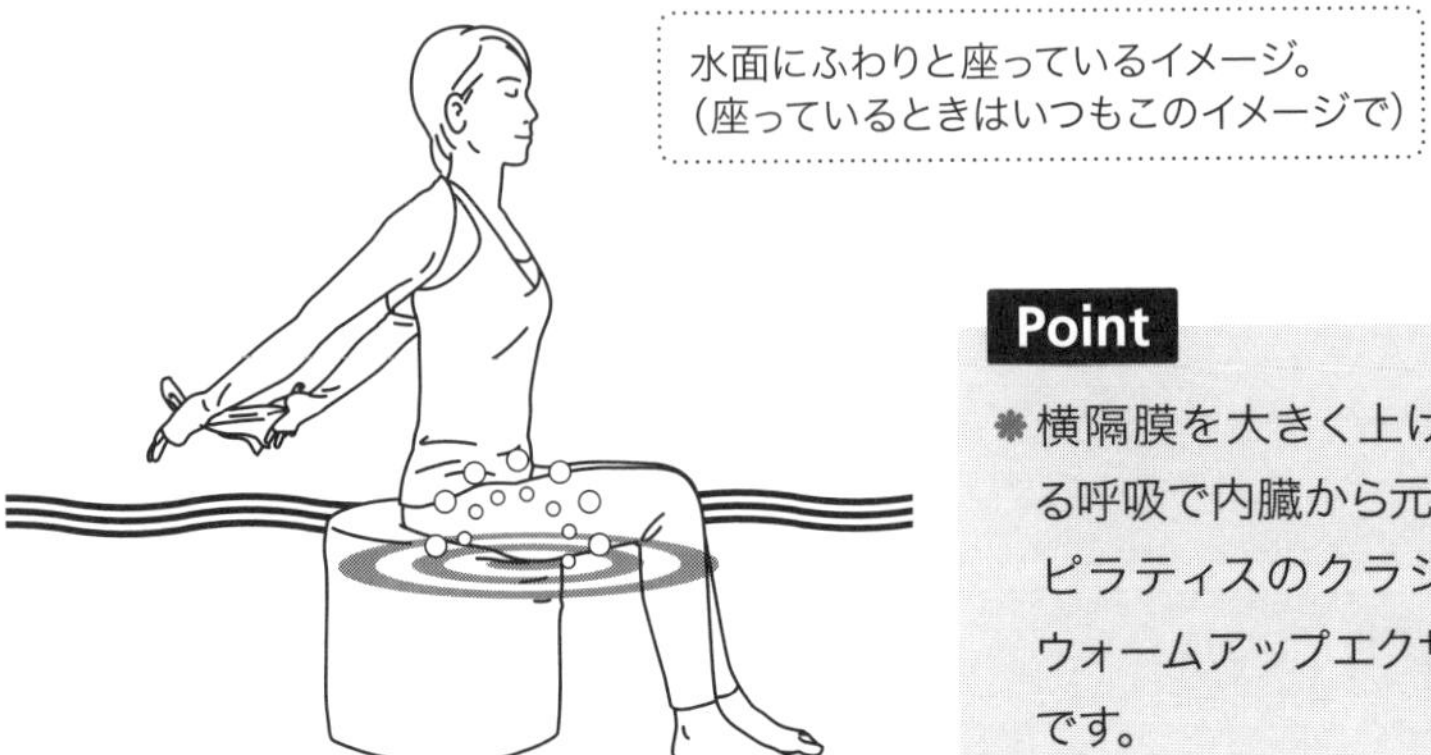
水面にふわりと座っているイメージ。
（座っているときはいつもこのイメージで）

Point

❋横隔膜を大きく上げ下げする呼吸で内臓から元気に！ピラティスのクラシカルなウォームアップエクササイズです。

Part 3

妊娠中も安心！
マタニティピラティス

ピラティスで、妊娠中の身体をケア!

妊娠中の女性の身体の変化

Ｐａｒｔ３では妊娠中の方にも安心してできる、安産のためのピラティスエクササイズを紹介していきます。

具体的な方法をご紹介する前に、妊娠に伴う女性の身体《からだ》の変化について少し触れておきます。身体の変化を知ることで、なぜトラブルが起こってくるのか、なぜエクササイズが役立つのかということもわかっていただけると思います。

女性の身体はその肉体も心も生理の前後で大きく違うことを実感できると思います。これは主に女性ホルモンの変化によるもの。妊娠がスタートするとさらに大きい変化があらわれます。そのキーワードとなるホルモンの名前は女性ホルモンの一種である「リラキシン」。

リラキシンには骨盤周囲の他、全身の関節、靭帯を緩める働きがあります。リラキシンは、出産のときに赤ちゃんが狭い産道を通ることができるように分泌されるのです。全身の「緩み」を体感したとき私は、出産とは実に「本能的!」であると感動しました。

妊娠中の女性の身体と体重の変化

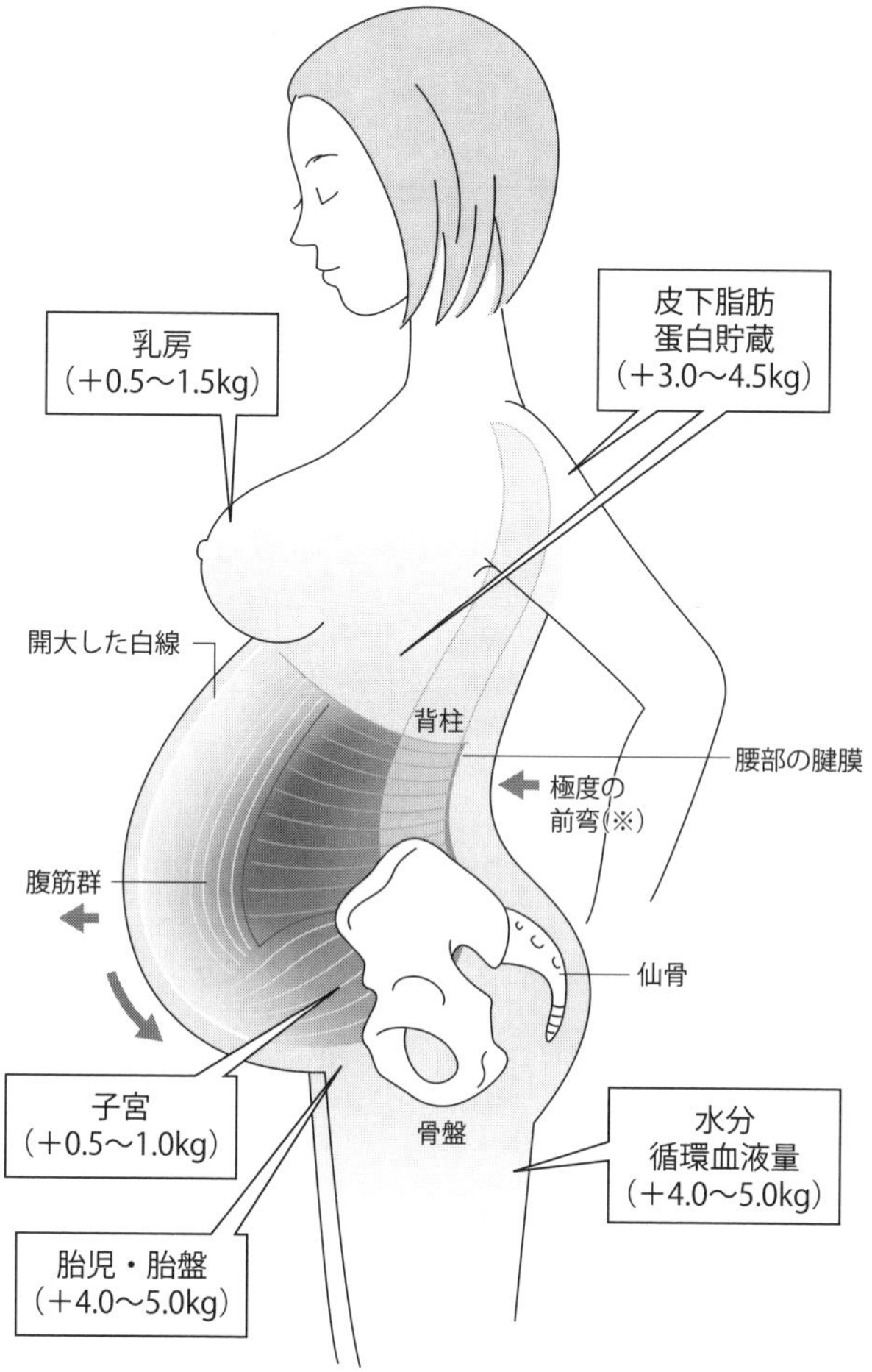

※一般的にこのような前弯姿勢になりやすいが、反対に後弯姿勢にもなりやすい。

一方で、このリラキシンによるトラブルも起こりやすくなります。リラキシンには前述のように全身の関節を緩める働きがあるため、関節を支える靭帯、筋肉にそれまでにない負担がかかり、これが腰痛や股関節痛、膝痛など痛みの引き金になるからです。お腹が大きくなる妊娠中期以降は身体の重みも加わるので、痛みが一層、悪化しやすくなります。

また、妊娠中は胎児への血液量が増え、大きなお腹で股関節の下大静脈圧が約2・5倍も増加するので、脚がむくみやすくなります。血液量が増えても鉄分の量は大きく変化しないため、全体的に血が薄まって酸素不足となり、これが動悸や息切れ、疲労感などの原因となるのです。さらにリラキシンが腸の動きを抑制するため便秘になることも。

これらの生理現象は、不快なため運動不足になりやすいのですが、妊娠中の運動は大脳皮質から自律神経への神経伝達がスムーズになるので、産後の自律神経の働きもスムーズになると言われています。ピラティスでトラブルを乗り越え、快適なマタニティライフを送っていきましょう。

また、足裏を刺激すると亜鉛が減少することが分かっています。亜鉛不足で貧血になりやすく、妊娠中に固いコンクリートの上を長時間歩くのは、おすすめできません。運動不足を解消するためにウォーキングをするのであれば、芝生や土の上、砂の上を選んでください。

この点、ピラティスは寝たまま行うエクササイズで、足裏にも刺激がなく、妊娠中の運動と

妊娠中の注意点

1	母体の心拍数は毎分140以内とする。
2	激しい運動（と感じるもの）は15分以内とする。
3	運動習慣のない方は、軽い運動から始め、少しずつ運動強度を増やしていく。週3回ぐらいの規則的な運動を心がける。
4	呼吸を止めないように、運動中、息を吐くことを常に意識する。
5	水分補給を心がけ、異常があれば即時に中止する。休むときは左側を下にして横向きに寝る。
6	母体の体温は38℃以下に保つ。
7	結合組織が緩く関節の障害を受けやすいので、一番伸びる少し前のところで止める。
8	あおむけに寝てお腹をのぞき込むような動作は行わない（腹直筋離開の危険があるため。77ページ参照）。
9	妊娠してから運動を始めるのではなく、妊娠以前から運動習慣を持つこと。
10	主治医の指示に従う。

出典：アメリカ産婦人科学会によるマタニティスポーツのガイドラインの一部を参照。

して安心していただけます。

妊娠中はホルモンがどんどん増え続けます。それにより、ぼんやりしたり、ハイテンションが続いたり、むくみ続けたり、太り続けたりします。また、仕事を辞めたり家にいる時間が増えるなど、ライフスタイルの変化で心のバランスも乱れやすくなります。わけもなく悲しくなったり……。妊娠した女性の8割が情緒不安定になるという報告もあります。28ページでお話ししたように、身体を動かすことは自律神経を整え、ホルモンバランスを良くします。

私は、妊娠中、産む前日までピラティスやバレエをして、身体と心を整えておくことができ、エクササイズをしておいて心から良かったと実感しました。

本書のエクササイズが健康で楽しい妊娠生活のサポートとなるでしょう。もちろん、体調が悪いときは、必ず主治医の指示にしたがってください。

妊娠中のピラティスの効果

＊呼吸によるリラクゼーション（副交感神経）と集中（交感神経）の自律神経の切り替えが上手になることで、陣痛時の痛みを乗り越える。
＊妊婦特有の姿勢のゆがみからくる痛みやストレスの軽減。
＊骨盤底筋群（ペリネ）や腹筋群のコントロール力の強化。

妊娠中のエクササイズの注意点

＊同じ姿勢を続けない（座りっぱなし、立ちっぱなしなど）。
＊体調が悪いときは行わない。
＊あおむけに寝て、頭を上げお腹をのぞき込むような動作はしない（77ページ、腹直筋離開を参照）。
＊休むときは、左側臥位で（左側を下にする）。または、リラックスできる体位で。
＊主治医の指示に従う。
＊リラックスできているか？　常に自問自答を。
＊エクササイズ中、呼吸ができているか。運動の回数、強さは「がんばりすぎない」「無理していないか？」など常に自覚し、運動強度を40％程度に保つ。

妊娠初期（0〜4カ月）

妊娠初期、実際に妊娠に気づくのは2カ月（4〜7週）に入ってからが多いと思います。基礎体温の高温期が続き、生理がこないことからわかります。この時期、赤ちゃんの心臓がつくられ、超音波で心拍を確認することができます。産婦人科で「妊娠おめでとうございます！」といわれるのもこの時期。

喜びと同時に、このころから早い人ではつわりの症状が出始めます。ひどいと吐き続け、入院することもあります。今まで大好きだった食べ物が急にきらいになったり、においに敏感になることも。

また、子宮も鶏卵2個分の大きさになるので膀胱を圧迫し、トイレが近くなることもあります。同時にホルモンバランスの変化から情緒不安定におちいりがちです。

働く女性にはうれしい反面、妊娠初期は貧血や低血圧などにもなりやすく、流産の危険性が高い時期。お腹の赤ちゃんを意識して生活してください。

3カ月（8〜11週）ころからはさらに子宮が大きくなり、つわりの症状がピークになる方もあります。4カ月（12〜15週）ころには子宮の大きさは赤ちゃんの頭大になり、直腸や膀胱を圧迫するために便秘や頻尿になりがちです。一方で、流産の危険性は徐々に減っていきます。

胎盤が完成する4カ月の終わりごろには基礎体温が下がり、このまま出産まで低温期が続きます。

私は妊娠がわかってからも体調が良ければ、今までと変わらずピラティスをしていました。ピラティスを初めて行うのならば、主治医に「安定期に入ったので、運動してもOK」といわれてから行うのが安心かもしれません。

しかし、妊娠中は循環血液量が通常の1・5倍に増え、心拍数も増えるので、心臓や肺に負担のかかる激しい運動は禁物であるとする一方、適度な有酸素運動は積極的に行うべきといわれています。

この時期は、「基本のピラティス＋正しい姿勢でのウォーキング」がおすすめです。ピラティスで柔軟性と筋力を保持しながら、ウォーキングでつわり中の気分転換をしましょう。貧血低血圧にもなりやすいので、心身の変化に順応できる身体をつくります。

妊娠初期の注意点

＊ピラティスの基礎練習（44～53ページ参照）を無理なく続ける。

＊「生活のためのピラティス」の正しい歩き方（110ページ参照）をマスターしておく。

＊「呼吸」「正しい姿勢」「腹圧」を心がけるだけでOK。

妊娠中期（5〜7カ月）

５カ月（16〜19週）に入ると子宮の大きさは大人の頭大に。子宮の最上部はおへそのあたりまで上がり、早い人では胎動を感じることもあります。６カ月（20〜23週）になるとお腹が大きくなって、腰や背中の痛みが出やすくなり、７カ月（24〜27週）はお腹の重みで歩くと息切れしたり、静脈瘤や妊娠線が出やすくなります。

妊娠中は、ホルモンがどんどん増え続けています。そのため、ぼんやりしたり、ハイテンションが続いたり、むくみがなかなかとれなかったり、体重がどんどん増加したりします。あせらず、適度なエクササイズで上手にリラックスすることを心がけましょう。身体を動かすことが妊娠線や静脈瘤の予防になります。

バランスの良い食事を摂ることも忘れずに。貧血が原因で「むずむず脚症候群」（眠っている間に下肢がむずむずして、じっとしていられなくなり、睡眠障害などが起こる）になりやすいことも明らかです。

この時期は、これから大きくなるお腹を支えるのに必要な腹筋群、骨盤底筋群（ペリネ）を強化したり、コントロールするエクササイズと出産後に必要な腕や肩を鍛えるエクササイズ、脊椎（背骨）を動かし、神経や血流を良くするエクササイズを行います。

なお、あおむけのエクササイズは胎児の重さで血管が圧迫されるため、体調が悪くなったら中止。時間を短くしたり、枕を使用するなど、注意点を参考にしながら行ってください。

また、おへその上あたりまで子宮が大きくなったため、頻尿になります。ピラティスの前後はトイレに行って集中しましょう。

大切なのは、骨盤底筋群（ペリネ）の強化とコントロール

女性特有であり、最も重要な体幹の筋肉は、骨盤底筋群（ペリネ）です。骨盤底筋群（ペリネ）は骨盤の底にある筋肉の集まりで、肛門、尿道、膣を締める働きがあります。ここが衰えると底の抜けた鍋のようになり、すべての内臓が下がります。

妊娠すると赤ちゃんの重さを支えるため、緩く、弱く、伸ばされてしまいます。まるで伸び切ったハンモックのようです。出産後の女性は、この筋肉のリハビリが必要です。

骨盤底筋群（ペリネ）が弱いと、下腹ポッコリに悩まされます。将来的にも子宮など内臓下垂のリスクが高まります。

フランスでは、「出産後の女性はペリネ（フランス語で骨盤底筋群のこと）が傷ついているので、リハビリが必要」とはっきり提唱。保険が適応され、リハビリ施設も一般的に普及して

骨盤底筋群（ペリネ）

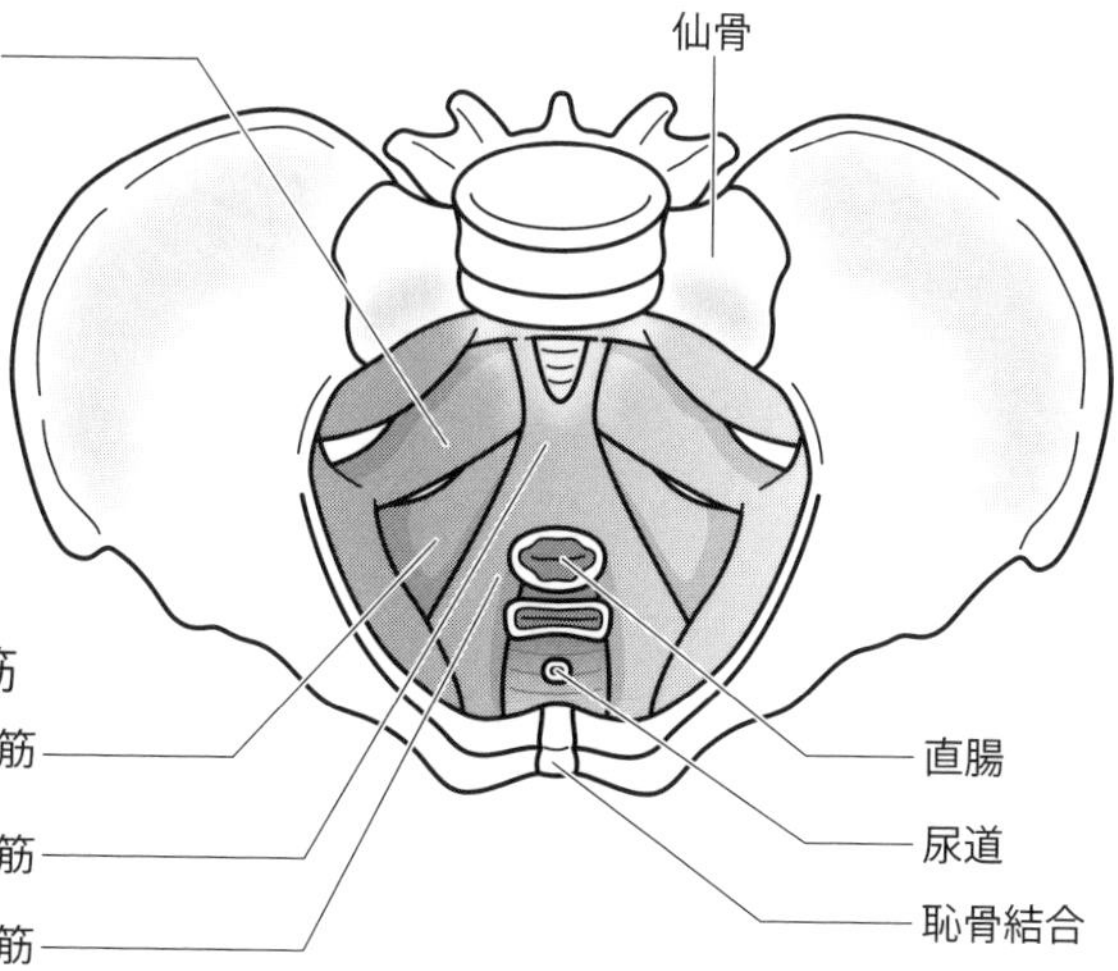
尾骨筋
仙骨
肛門挙筋
腸骨尾骨筋
恥骨尾骨筋
腸骨直腸筋
直腸
尿道
恥骨結合

います。

同国のド・ガスケ医師によって考案され、私も実践していた「ガスケ・アプローチ」のトレーニングを紹介します。

私は、出産の当日からのひどい尿もれに悩まされたのですが、一番効果的だったのは、このエクササイズでした。

出産後すぐに始め、その後も続けることで、子宮、膀胱などの諸臓器を元の位置に戻すことができます。

さらに、ウエストが引き締まり、姿勢が正しく戻りやすくなります。

骨盤底筋群（ペリネ）のコントロール all

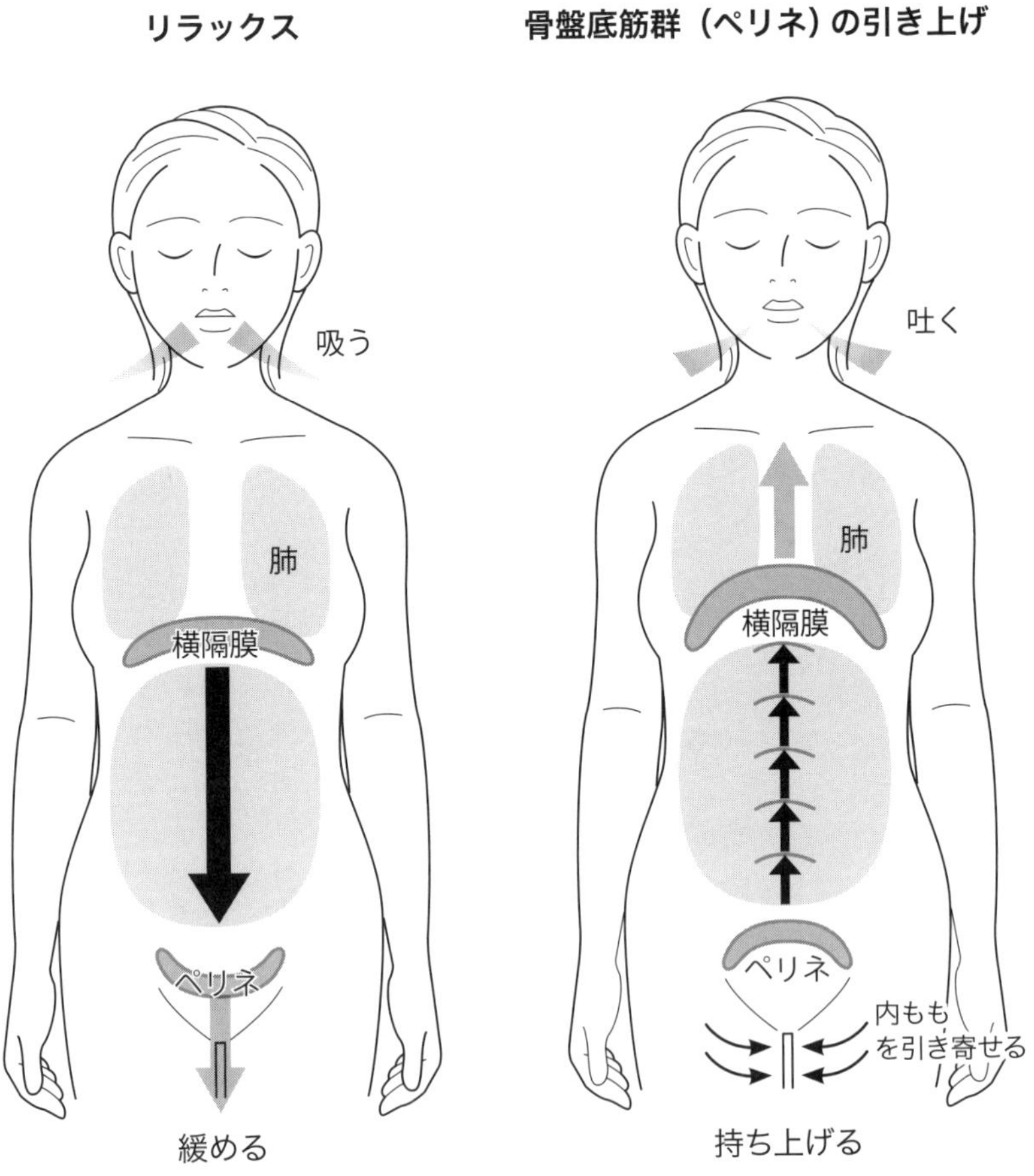

❷力を抜いて緩める。

❶息を吐きながら、骨盤底筋群（ペリネ）が上がっていくように5秒かけて持ち上げる。

エレベータのように上げるイメージ。

Point

❋上のイラストを見ながら呼吸し、息を吐きながら骨盤底筋群（ペリネ）が「お腹の中へ吸い込まれていく」イメージを。1日に10回以上を目指して。そして、何度でも練習しましょう。

基本の骨盤底筋群（ペリネ）トレーニング「ガスケ・アプローチ」all

❶あおむけに寝て、骨盤を手前に傾ける（恥骨側を上げる）。

❷息を吐いて、お腹を引き締める。このとき頭を床にグッと押しつけるようにする。

❸鼻をつまんで息を入れるようにまねをしながら口を開ける。横隔膜が上がり、臓器や骨盤底筋群（ペリネ）も引き上がる。

❹息を吐いてリラックスする。

Point

❋お腹を引き締めるときのイメージは、歯磨き粉のチューブを下から巻き上げるように。

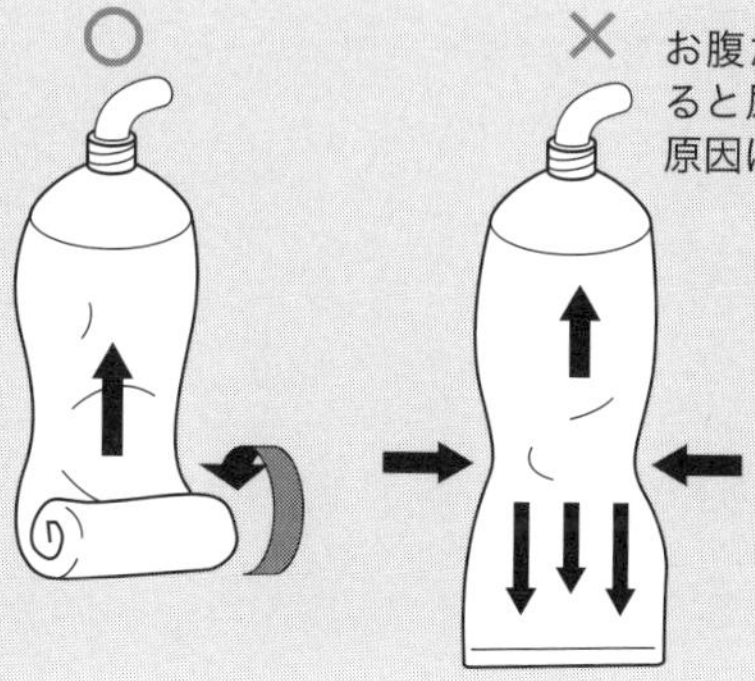

骨盤底筋群（ペリネ）トレーニングの効果

＊深部腹筋群が連動して収縮し、お腹や内ももが引き締まる。

＊産後、子宮が速やかに収縮し、母乳の分泌を助ける（子宮が早く元の大きさになれば、出血量も少なく、肥大した靭帯が引っ張られるのも軽減できる）。

＊産後、臓器全体が元の位置に持ち上がり、靭帯の血管の新生が促されることで、靭帯自体が元の状態になるのを助け、臓器下垂を予防する。

骨盤、腰、お腹まわりを安定させる

［1］サイドキック all 左右各5回

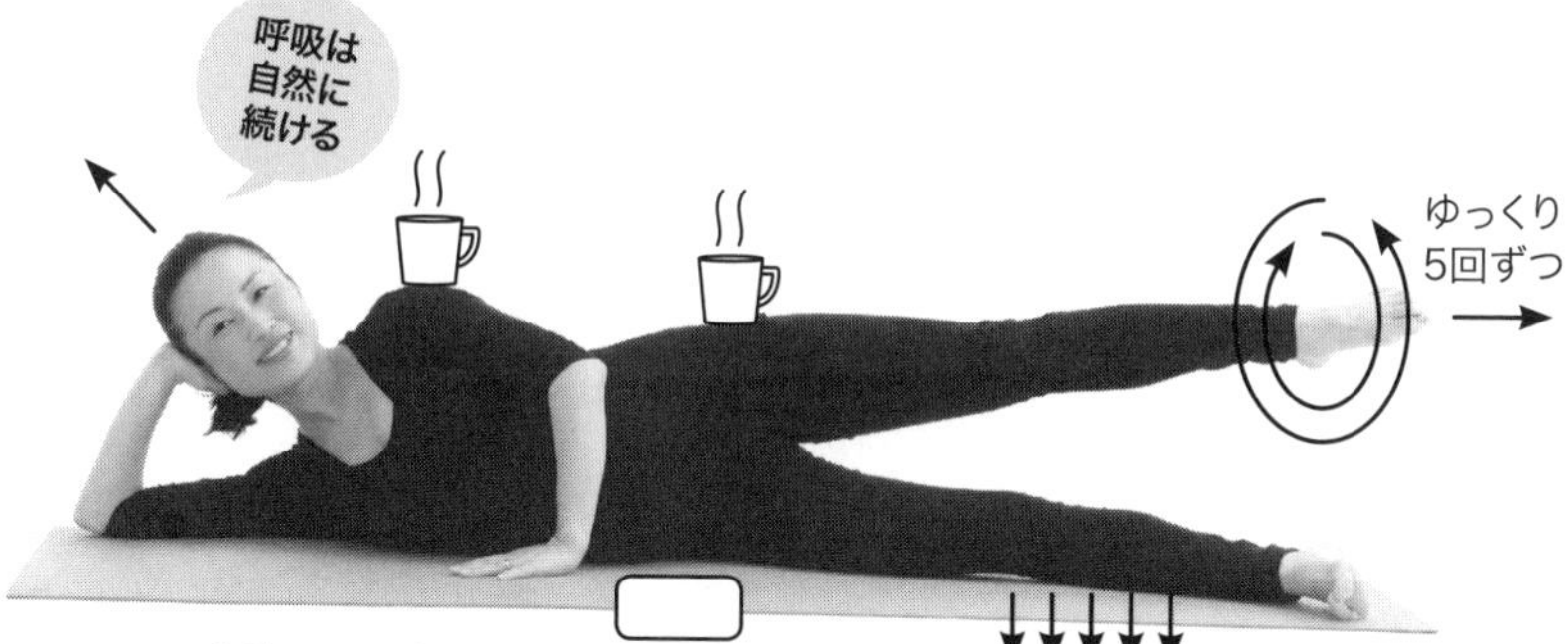
呼吸は
自然に
続ける
ゆっくり
5回ずつ
お腹の下にタオルを置いておく
足は床を押す

❶横向きに寝て、ひじ・肩・背中・お尻が一直線になるようにする。両脚を身体から斜め45度前に出し、伸ばす。上の手は体の前15㎝くらいに置いて支える。

❷上の脚を腰幅まで上げる。

❸股関節から脚を回す。

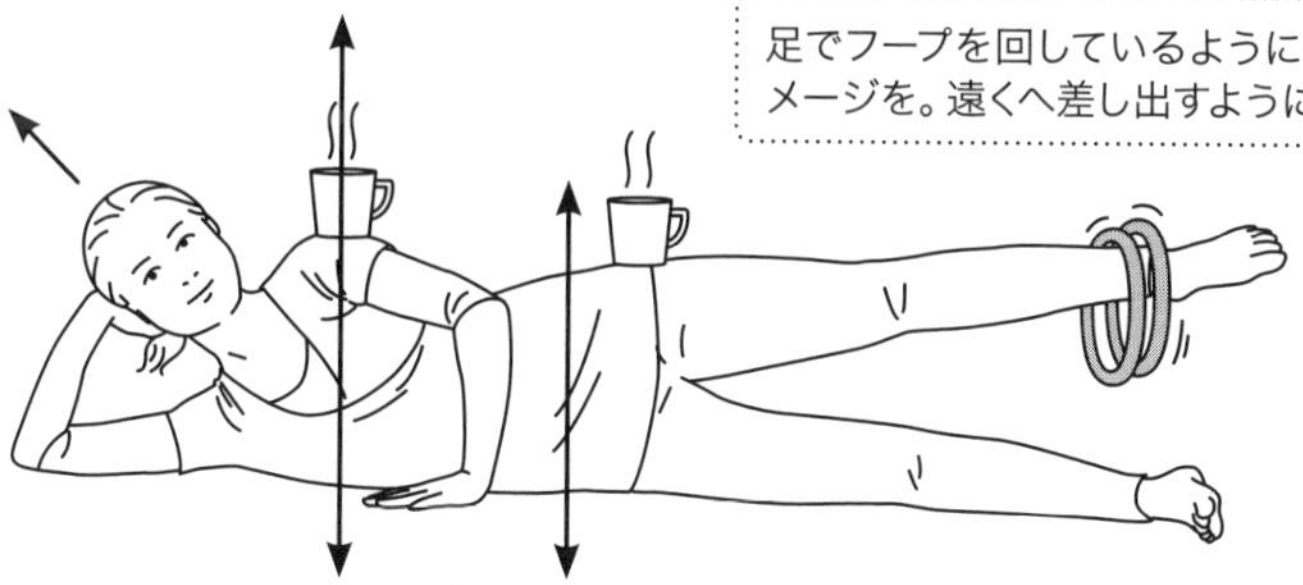
足でフープを回しているようにイメージを。遠くへ差し出すように。
バスト左右、腰骨の左右を垂直に保つ

Point

❋肩や腰に乗せたカップを落とさないようにイメージして。体幹は動かさないようにしましょう。

腰痛解消とむくみ改善

［2］シングルレッグサークル all 左右各5回

❶始める前に太もも裏をストレッチしておく。あおむけに寝たら、片脚を天井に向かって股関節からまっすぐ伸ばす。

❷股関節から脚を回す。

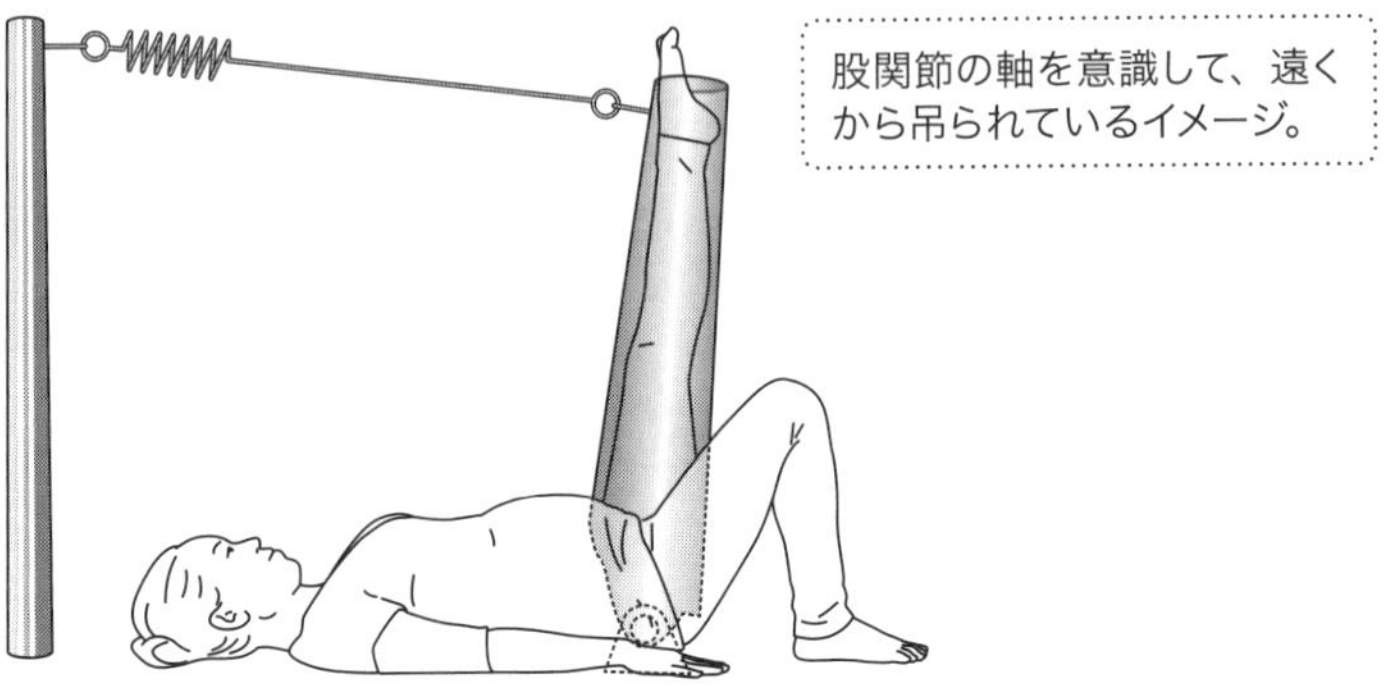

Point

✽肩、骨盤を動かさないように。

✽ひざは曲がっていてもOK。尾骨を床から離さないように。

背骨の側屈機能を高め、左右バランスを整える

［3］マーメイド all 5回

遠くへ伸びるように
吐いて戻る
吸って横へ
妊娠中と産後すぐは
あぐらで座りましょう！

❶横座りする（妊娠中はあぐらで座る）。

❷息を吸って、横方向へストレッチするように側屈。

Point

❋肋骨を横へ押し広げるように、大きく深呼吸しましょう。

注意

妊娠中は、胎児の位置により体幹の左右バランスが悪くなります。やりにくい方向を少し多めに練習しましょう。

むくみ改善、転倒防止

［4］ルルベ all 10回

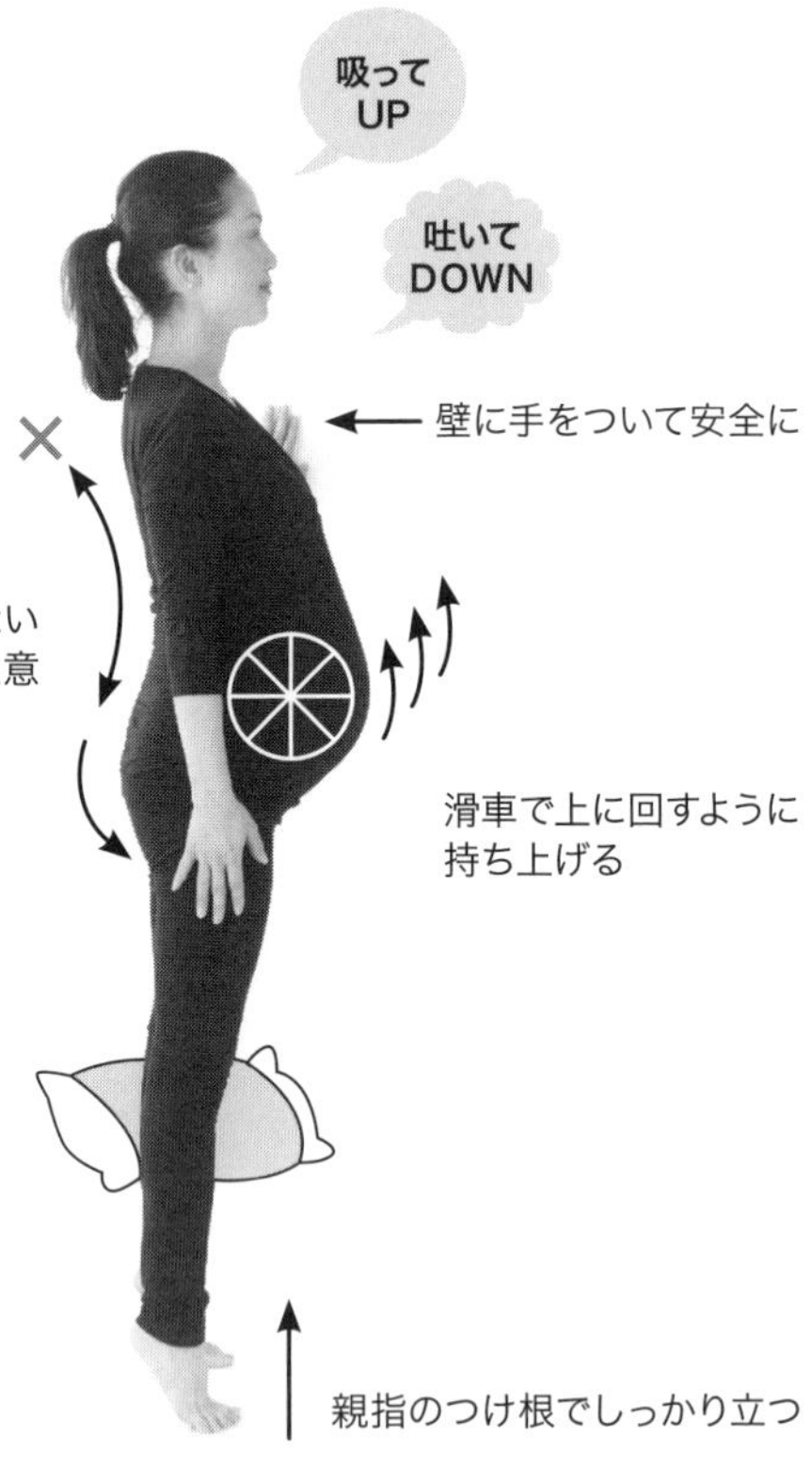

❶足の間をこぶしぐらい開けて立つ（ボールやクッションを脚の間にはさむとよい）。

❷かかとを上げて背伸びする。

Point

✱妊娠中は、足首も不安定。外重心になり小指に重心がかかると、ねんざしやすくなります。親指のつけ根（母指球）で床をしっかり押しましょう。

※この写真は第一子妊娠中10カ月だったため、大きく反りかえっています。

自律神経の働きをよくする
［5］スパインツイスト all 左右交互に5セット

どんどん上がっていくイメージ
吐いて
回す
吸って
戻る
座骨は床へ
突き刺すように

❶あぐらをかいて座り、両手を伸ばして左右に広げる。座骨でしっかりマットを押す。

❷ウエストから上の脊椎（背骨）を右に回す。

❸元のポジションに戻る。続けて左側も行う。

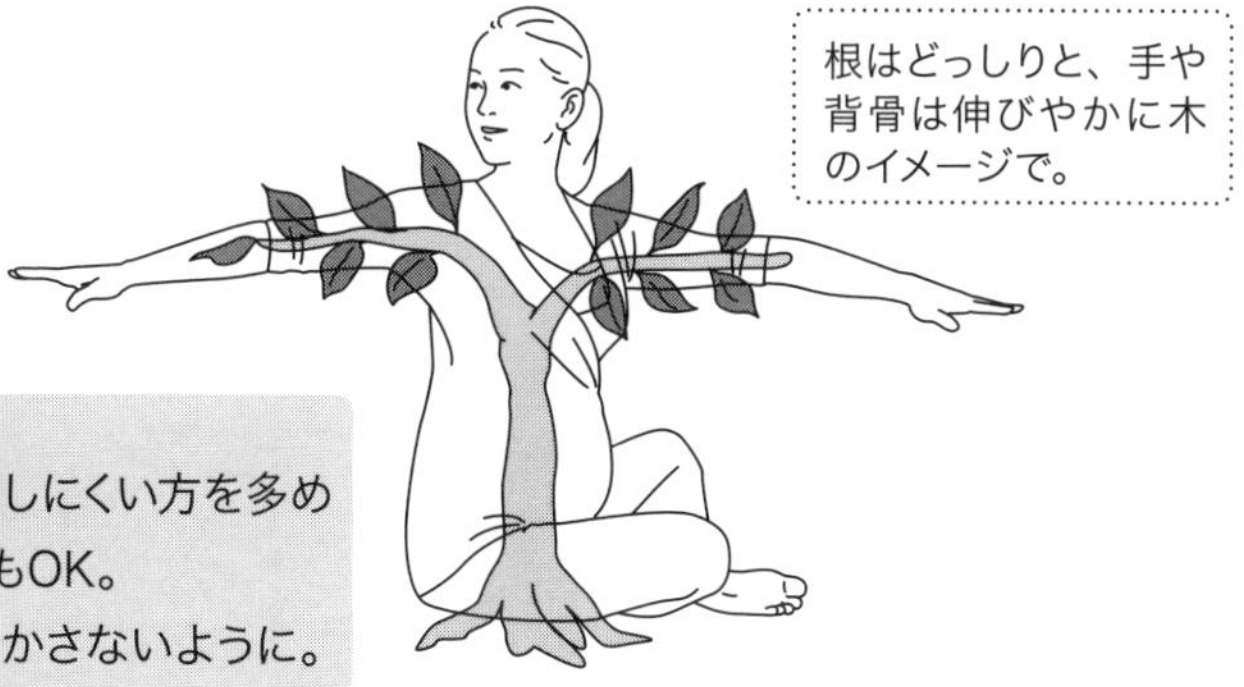
根はどっしりと、手や
背骨は伸びやかに木
のイメージで。

Point

❋左右で回しにくい方を多めに行ってもOK。
❋骨盤は動かさないように。

出産後に必要な腕や肩を鍛えるエクササイズ

［1］アームカール all 5回

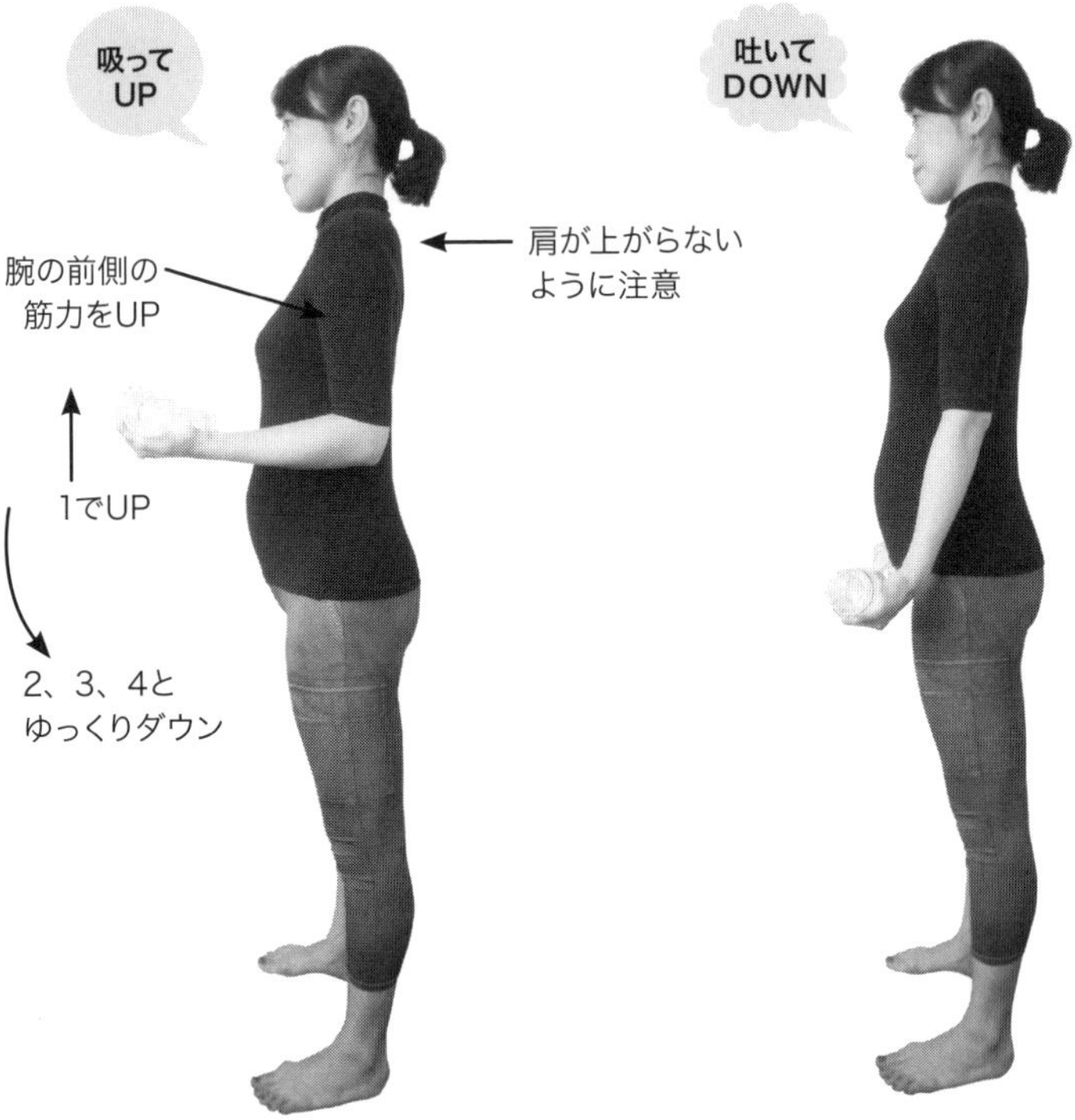

❷ひじから曲げて、上げ下げする。

❶500mlのペットボトルなどを使用し、姿勢を正して用意。

Point

❋このエクササイズは、赤ちゃんを抱っこするときに使う前腕の筋力をつけるものです。ここを鍛えておくと肩こりの予防になり、赤ちゃんとの生活が楽になります。

［2］Vプルアップ all 5回

❷ひじから上に持ち上げる。

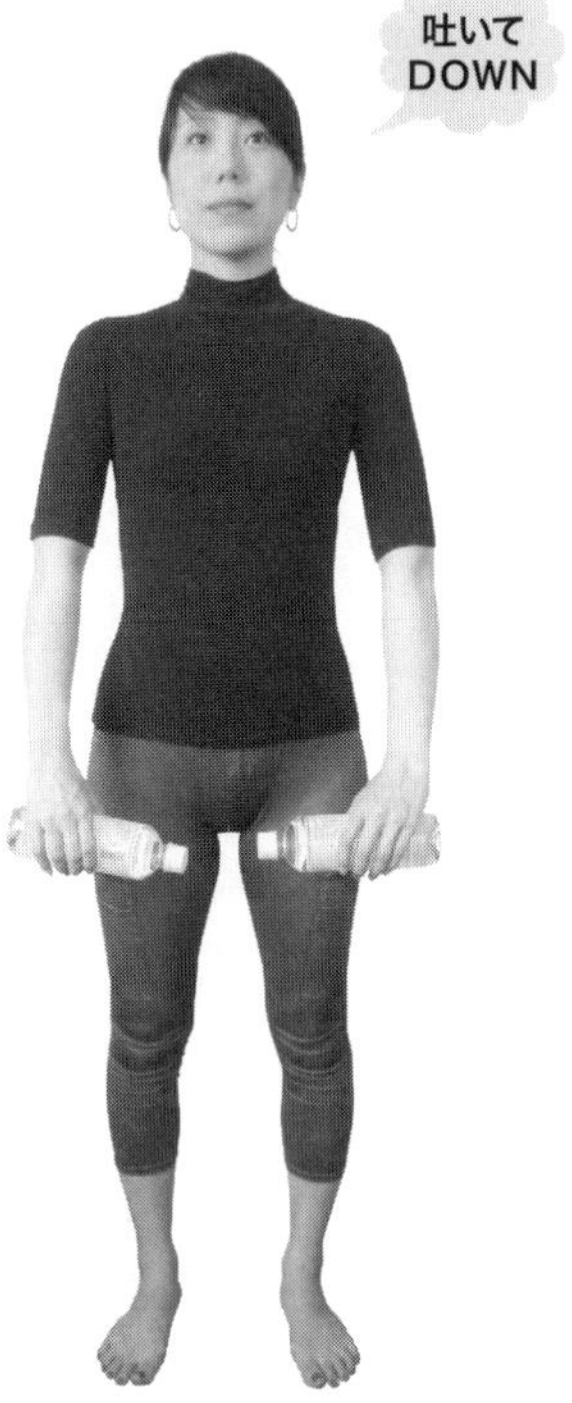

❶ペットボトルを持ち、正しい姿勢で用意。

Point

❋肩甲骨を動かすエクササイズです。運動不足で肩が凝りやすい方、血行不良による痛みや猫背の改善に役立ちます。

❋それぞれ5回ずつ、自然に呼吸をしながら続けましょう。お腹が大きくなってきたら、椅子に腰かけて行うようにしましょう。

妊娠後期（8カ月〜10カ月）

いよいよ妊娠後期。お腹がますますせり出し、胃や肺を圧迫。足のむくみや動悸、息切れも多くなります。お腹が張る回数も増えてきますが、お産はもうすぐそこ。規則正しい生活で出産に備えましょう。

特にこの時期になると、大きくなった子宮に膀胱も圧迫され、頻尿や尿もれも起こしやすい時期です。妊娠末期には妊婦の三人に一人は腹圧性尿失禁になるといわれています。

また、夜間に2回以上トイレに行く頻尿や「失禁（自覚なく尿をもらす）では?」と、心配になってしまう症状も、子宮が下がるこの時期特有のことです。

ピラティスはこの時期、強度の高いものは行わず、大きなお腹のためにせり出た脊椎（背骨）を戻すエクササイズ、母乳の分泌を促すため上半身のエクササイズを増やします。母乳をよく出すためには、「ひん回授乳」と「うまく吸えるための上手な抱っこ」がポイントです。赤ちゃんを上手に抱けるよう、しっかりエクササイズをしておきましょう。

なお、この時期は体重が増え、身体が大きくなってくるので、これを支える脚や足底のエクササイズをしましょう。足腰をしっかり使えるようにしておくことで、産後の育児が楽になります。

腹直筋離開が起こりやすい

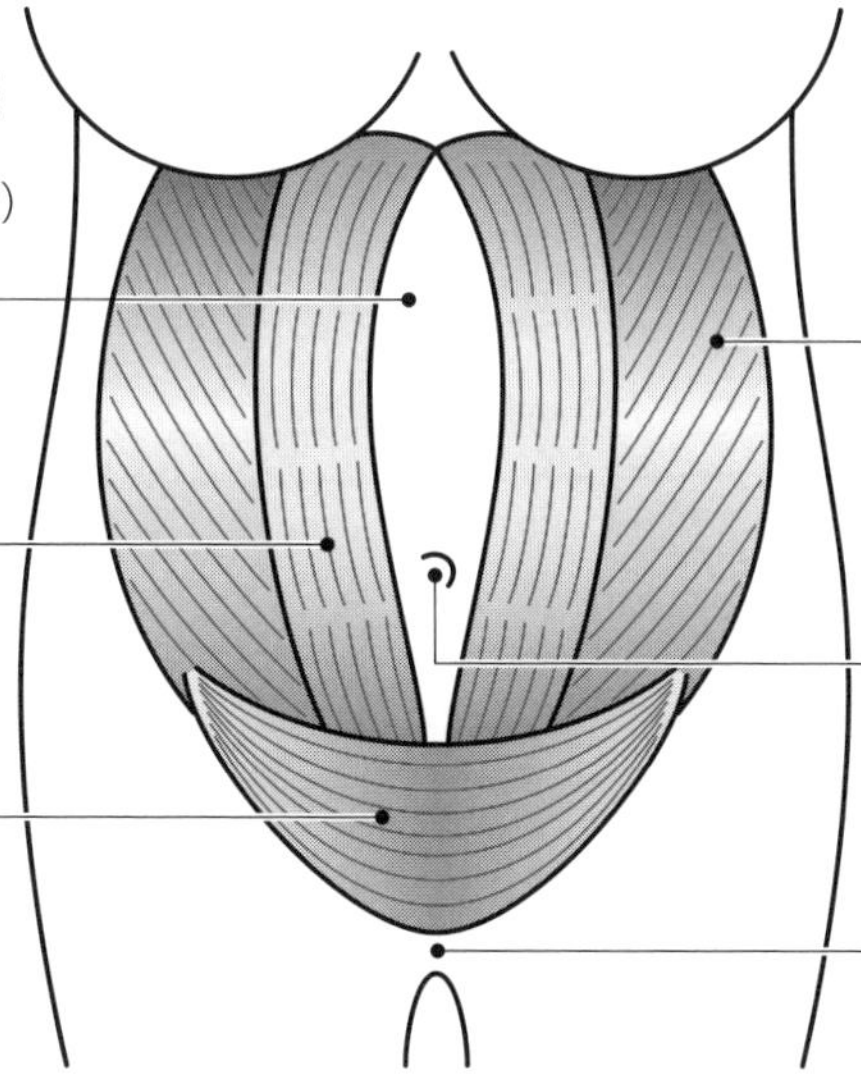

予定日が近づくにつれ、呼吸数が増えて浅くなり、どんどん疲労しやすくなります。上手に「身体を休める」ことと「エクササイズをする」ことのバランスを取りながら、マタニティライフのラストを楽しみましょう。

また、妊娠中には筋膜と腱膜が緩み、お腹の表面の靭帯が左右に割れるように広がる「腹直筋離開《りかい》」が起こりやすくなります。赤ちゃんが大きくなりすぎたり、腹直筋が硬すぎ、遺伝子的な原因もありますが、あおむけで寝てお腹を見るようなエクササイズをすることでも起こります。産後、お腹に力が入りにくくなる、お腹が垂れる、内臓が突出するなどのトラブルになります。104ページのようなフォームになるエクササイズは、妊娠中期から産後6カ月は行わないようにしてください。

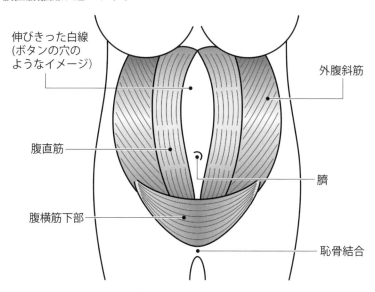

下半身の筋力を保つ

［1］ウォールスクワット all 8回

❶壁に背中をぴったりつける（赤ちゃんを壁に引き寄せるように）。

❷スクワットをするように、ひざを曲げ伸ばしする。これをゆっくり8回行う。

❸ひざを曲げたまま、かかとの上げ下げをする。8回行う。

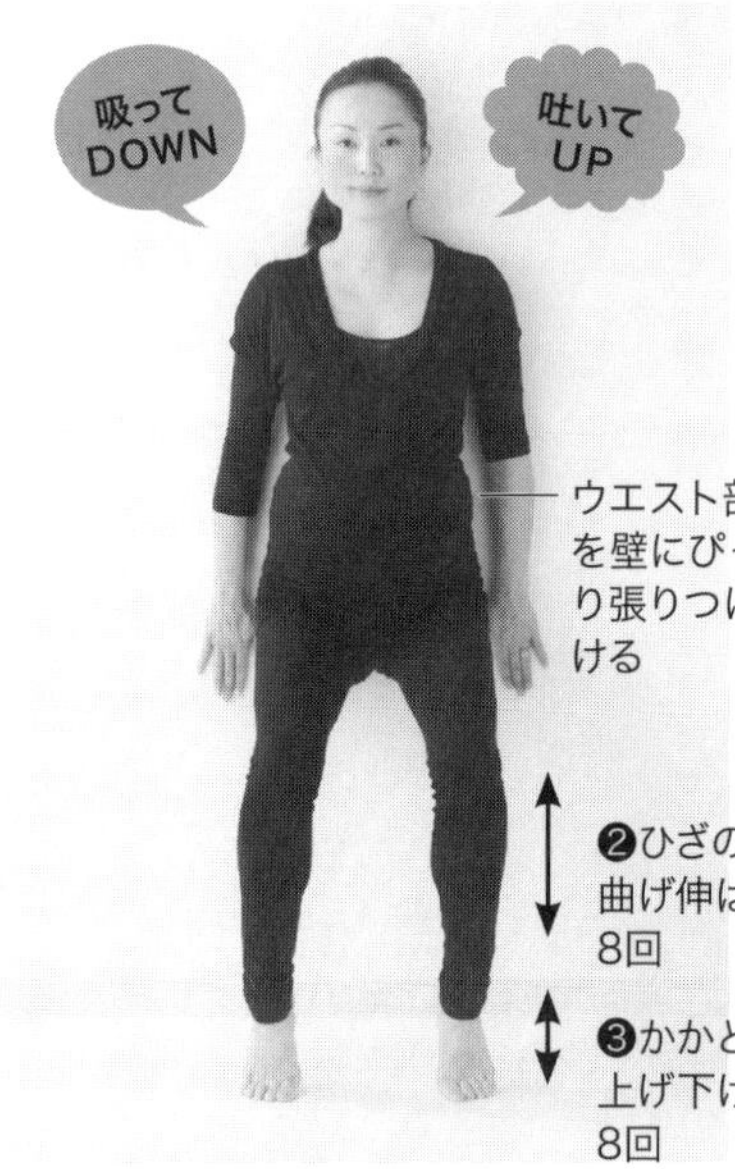
吸って
DOWN
吐いて
UP
ウエスト部分を壁にぴったり張りつけ続ける
❷ひざの曲げ伸ばし8回
❸かかとの上げ下げ8回

ひざが閉じたり開いたりしないように注意

Point

❋腰を反らさないよう、しっかり腰を壁に引きつけましょう！

準備エクササイズ
（足を大きく開いて練習しましょう）

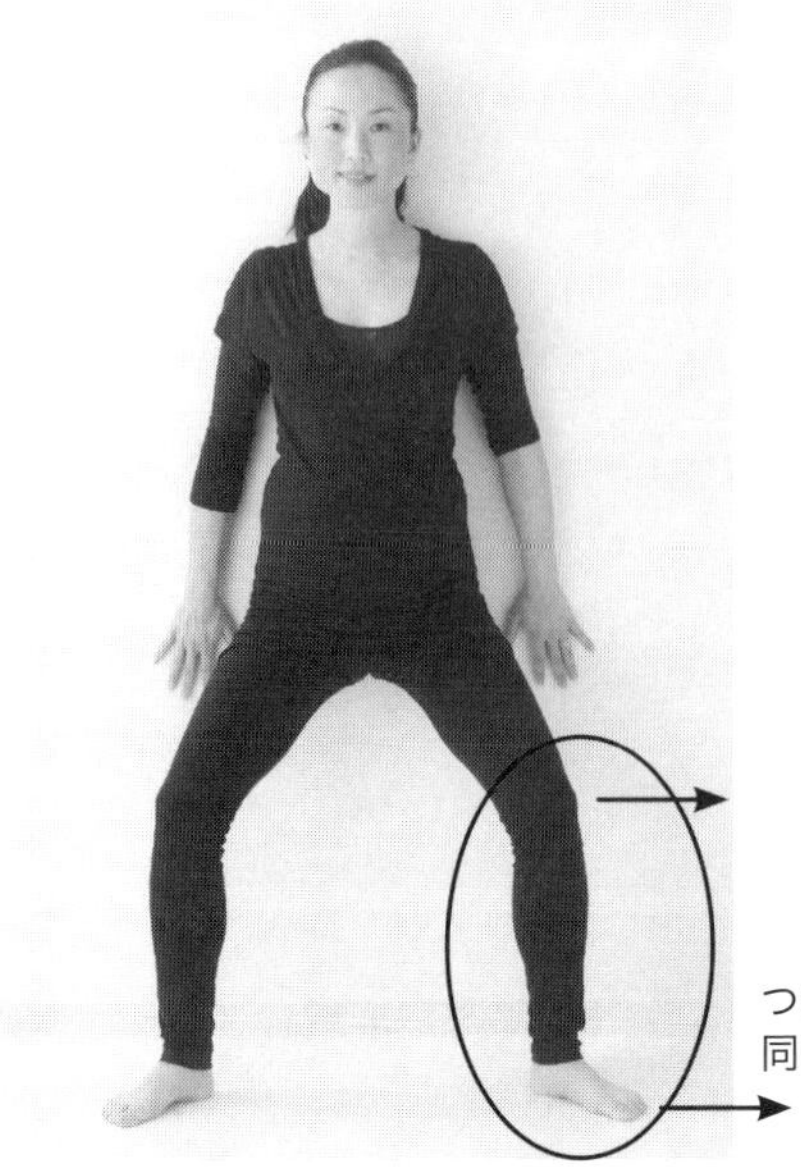
つま先とひざを同じ方向にする

※妊娠中に立ちっぱなしになるときは、このように背中を壁にぴったりつけていましょう。腰痛の予防になります。

大きな呼吸と育児の準備に

［2］プッシュアップ（ひざ付き腕立て伏せ） all 5回

❶四つんばいになる。ゆっくりひじを曲げて、顔や胸を床に近づける。

❷ひじを伸ばして身体を持ち上げる。

Point

- 肩甲骨は寄せないように。しっかり肩を下ろし、肩甲骨を広げたまま行いましょう。
- ひじを伸ばすとき、いきおいをつけて伸ばしすぎないようにゆっくりと伸ばしていきましょう。

正しい姿勢と母乳育児を楽しむために

[3] プルダウン all 5回

❶両手で肩幅より広くセラバンドを持ち、頭上より高く上げる。

❷両手を胸の前に引き下ろす。

Point

❋セラバンド、またはタオルを使います。

❋腰を反らせないように注意。肩甲骨をしっかり下げましょう。

背痛、腰痛予防に。内臓の動きを良くする

［4］キャット＆カウ　5回

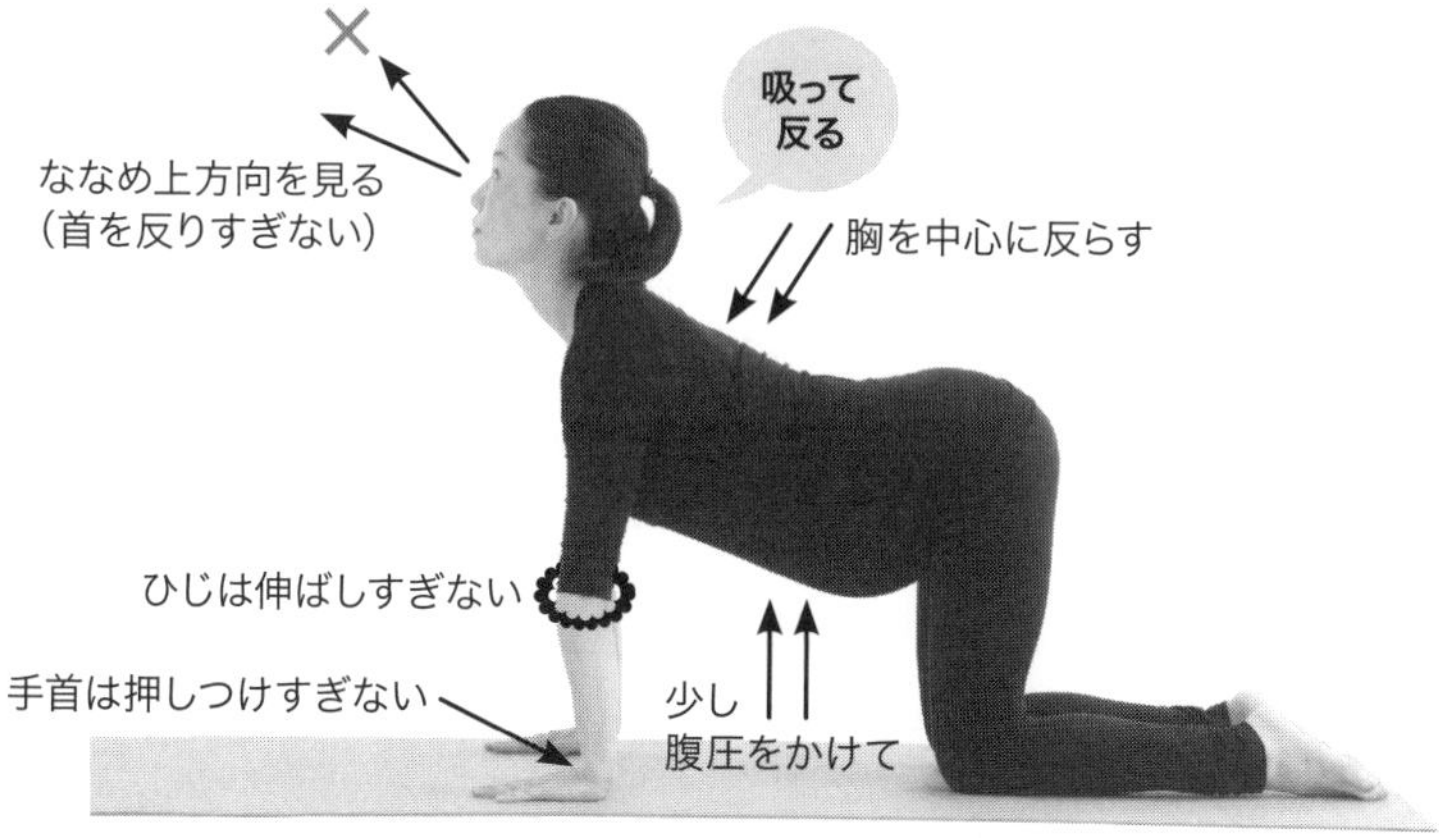

❶息を吸いながら、背骨を反らせる。

❷背中をふくらますように大きく息を吐く。

Point

- 妊娠中に固くなる背中、腰をしっかりストレッチできる。呼吸を大きく行いながら一日何回でも行いましょう。
- 骨盤底筋群（ペリネ）のエクササイズとして行いやすいので、❷のとき座骨や内ももをしっかり引き寄せるとよいでしょう（67ページ参照）。

偏平足、外反母趾、ねんざ予防に

［5］足裏エクササイズ all 10回

〇 よい例

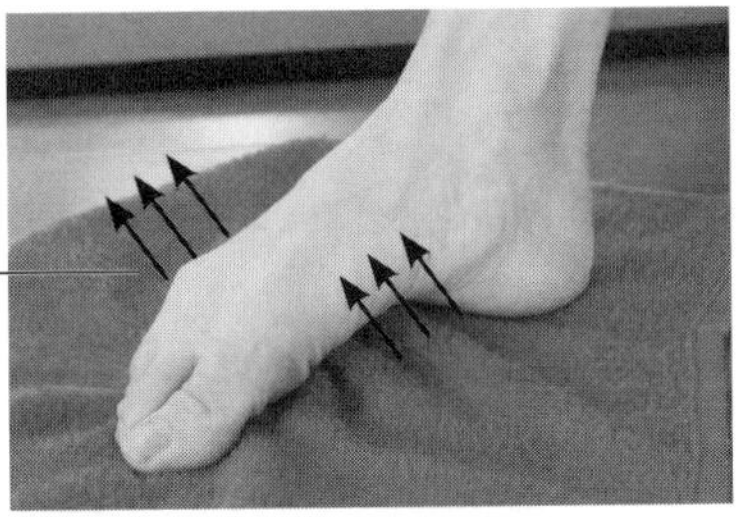

手のこぶしのようにここも持ち上げる

足の指を伸ばして、足指のつけ根を上げる。足底を意識して、1日何度でも行う。

× 悪い例

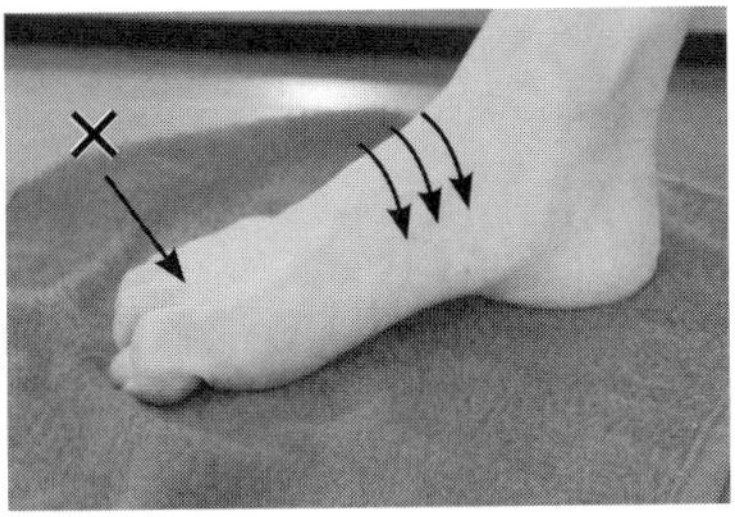

足の指が曲がってしまうと、足底は鍛えられない。

セラバンド、またはタオルを使って

❶足のかかとからつま先までセラバンドを縦に巻きつけ、手に持つ。

❷つま先を伸ばす、曲げるを繰り返す。足底筋を使い、20回ぐらい曲げ伸ばしを行う。

いよいよ、分娩

いよいよ分娩！　予定日に近づくと、いつ陣痛が始まるのか、今か今かと緊張し始めます。高齢出産の陣痛時間、分娩時間は、長い傾向にあるようです。人生経験が長い分、考えすぎて不安がつのり、交感神経が高くなりやすいからではないかともいわれています。

まず陣痛は、ひどい生理痛！　のような下腹の痛みから始まります。「強い痛みが来た!!」かと思うと、「休憩〜。今のうちに電話！　今のうちに病院へ行く仕度！」と痛みのない間《ま》もあり、小波から大波へ、いくつもいくつも乗り越えていく感じです。

ピラティスでは、この出産という大仕事のために、呼吸のトレーニングが役立ちます。陣痛中は、痛みのない間はしっかりリラックスしてください。痛みのないときにもかかわらず、緊張しすぎて呼吸が浅くなり続けると筋肉の緊張が強くなりすぎて、ずっと痛みや不安、興奮が増大されてしまいます。ただでさえ、心拍数が増加し交感神経が最大限に刺激され高まっているところです。少しでも、痛みのないときはリラックスするのがポイントです。

そして、子宮口が開大していよいよ分娩台に乗り、生まれるので「力んで」くださいといわれたら、一気に腹圧をかけて赤ちゃんを押し出します。骨盤底筋群（ペリネ）は座骨から緩め、吐く息とともに腹圧をかけて一気に押し出す……。赤ちゃんは骨盤の上部から下部に向けて頭を回旋させながら出やすいように出てきます。このとき、骨盤や腰椎の動きが悪いと赤ちゃんも動きにくいのですが、ピラティスで繊細に骨を動かすエクササイズをしてきましたので大丈夫です。

最大限の力を発揮するためには、リラックスしたところから一気に力を入れるのがコツ。そしてエクササイズのすべては、「息を吐きながら、腹圧をかけ息を出す」ことをしています。

最後まで自信を持って、深い呼吸を繰り返し、赤ちゃんとご対面！　まで乗り越えることができます。

おすすめしたい お産のポイント

＊呼吸を上手に使い、リラックスと集中を交互に続ける。

＊なるべく腹直筋に力を入れない（これを行うと77ページで説明した腹直筋離開を起こしやすい）。

＊頭を上げない。後頭部をベッドに押しつけ、背を伸ばすようにする。

＊グリップを持って引っ張らない。グリップを前に押すように身体を引き伸ばす。

＊分娩のラストは、骨盤底筋群（ペリネ）を緩め、ところてんのように赤ちゃんを型から抜き出すイメージで。

Part 4

ピラティスだから効果的！
産後太り、腰痛・肩こり
解消の産後ケア

産後の悩みをピラティスで解消する

産後の女性の身体にはどんな変化が？

産後は空っぽになったお腹が大変緩く感じます。骨盤や股関節なども足腰が緩んでいるので、とても不安定。私は第一子の出産後、「まるでアヒルのような歩き方しかできない……」と思いました。

出産後はリラキシンホルモンの量は徐々に元の量に戻るといわれます。しかし、一度緩んだ関節や筋肉はホルモンが減ってもなかなか戻りません。このような身体《からだ》で授乳や抱っこをしなければならないので産後の身体にはトラブルが起こりやすいのです。

産後はさらに育児による疲労が加わります。足腰が不安定な状態での抱っこ。赤ちゃんはどんどん重くなるので、産後は腰痛なども悪化しやすくなります。

私の場合は第一子の出産後、授乳や抱っこで左右の筋力バランスが崩れ、ゆがみが起こった結果、片側だけに腰痛が発症してしまいました。加えて尿もれも起こり、ピラティスをさぼっていたツケがすぐに出てきました（第二子のときは、その不快な症状が出ないように毎日ピラティスを行ったので、そのようなことはありませんでした)。

産後に尿もれがひどくなるのは、咳やくしゃみで腹部が激しく収縮し、高い腹圧がかかり、まだ緩い骨盤底筋群(ペリネ)が支えきれずもれてしまうのです。育児をしている身には本当につらい……。

また、産後は痛みや尿もれがあってもマッサージや病院に行ったり、スポーツクラブへ行くということがなかなかできません。だからこそ、赤ちゃんが寝ている隙に少しずつできるピラティスを取り入れていただきたいのです。

もうひとつの心配事は「産後太り」。通常は1日に500kcalほどが授乳で消費されますので、特別なことをしなくても体重が元に戻るはずです。

しかし、妊娠中に体重がかなり増えてしまっている場合や、授乳でお腹がすくからと食べ過ぎてしまえば体重は戻りません。薬膳を中心とした食事療法は、長期的な健康を保ちながらアンチエイジングでき、大変おすすめです(食事については118~122ページ参照)。

「早く体重を戻したい!」とあせる気持ちを抑えて、まず、「正しい姿勢」に戻せるように、基本のピラティスをしましょう。正しい姿勢に戻せれば家事や育児が楽になり、やがて運動もできるのでその結果、シェイプアップしていけます。

また、ピラティスは、食欲のコントロールにも役立ちます。産後はストレスでつい、暴飲暴食をしやすい時期。ピラティスで身体の疲れがとれると、あれほど欲しがっていた糖分を欲《ほっ》しなくなります。

産後は基礎練習からスタート

身体の回復のために、周囲の手をできるだけ借りましょう。サポートを頼める人やサービスを準備しておいてください。立って歩き回り、以前と同じように家事などをすると、特に骨盤底筋群（ペリネ）の回復が遅くなります。無理はせず、きついと感じる前に横になってください。

産後、赤ちゃんが大きくなるとともに、抱っこやおんぶ、授乳の負担から左右のバランスが崩れ、腰痛や肩こり、尿もれが悪化しやすくなります。

赤ちゃんが寝ている間に、隣でお母さんも寝たままピラティスをしましょう。

【産後0〜1カ月】

退院して生活が落ち着いたら、無理なくできるピラティスの基礎練習（44〜53ページ参照）からスタート。腹筋群は、妊娠後期の３カ月でおよそ15㎝も伸びています。骨盤底筋群（ペリネ）も「伸び切ったハンモック」のようになっています。

これら伸び切った筋力を除々に取り戻し、シェイプアップのエクササイズへと進んでいきます。悪露《おろ》が続いている、会陰《えいん》切開の痛みが強い、恥骨や仙腸関節炎がある場合は、無理をして始めたりせず、痛みがおさまってからにしましょう。

そして、始めるときは痛みが出ないよう「小さな動き・少ない回数」から。くれぐれも無理はしないようにしましょう。

ピラティスは、赤ちゃんを抱き上げるときのちょっとした身体の使い方や、腰痛にならないための授乳の姿勢など、普段の動作がベースになっているものが多いので無理がありません。また、腰痛や尿もれ防止に効果が期待できるエクササイズなども紹介しています。

産後エクササイズのポイント

＊まずは、正しい姿勢を保つ⇩歩いたり、家事が楽になる⇩運動ができる⇩シェイプアップする。

＊赤ちゃんを抱き上げるときなど、日常の動作を正しく行いましょう。

＊まだ、頭を上げてお腹を見るような動作はしない。腹直筋離開を起こしやすいので注意（77ページ参照）。

＊オーバーストレッチ（無理のある大きなストレッチ）や反動を使ったストレッチはしない。

＊骨盤底筋群（ペリネ）を引き上げるエクササイズ（66ページ参照）は、いつでもどこでも練習し続けましょう。

[1] 抱き上げるとき ♥✿

背骨はまっすぐに

お腹にグッと力を入れ、背骨を伸ばしたまま抱き上げる。このとき、腰を丸めると腰痛やぎっくり腰になりやすいので注意。

[2] 授乳をするとき ♥✿ 10回

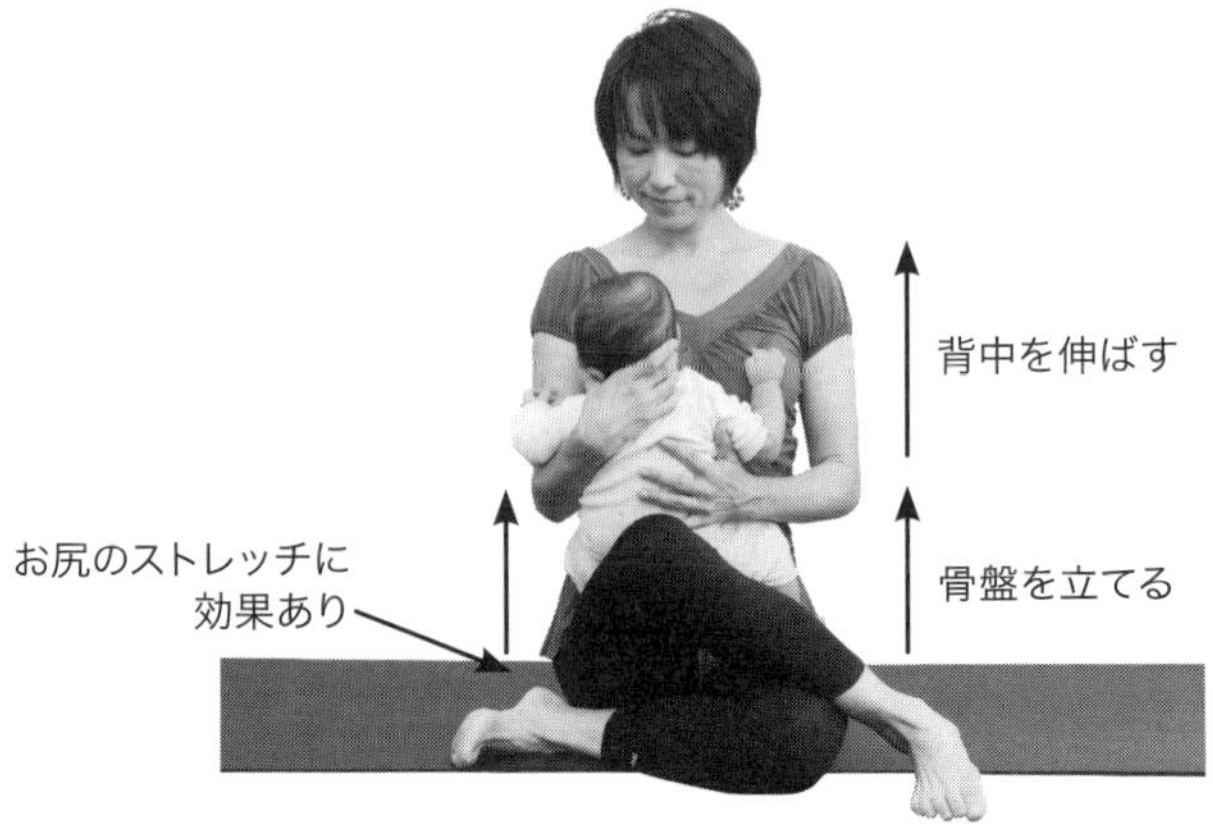
背中を伸ばす
骨盤を立てる
お尻のストレッチに
効果あり

❶座りながら足をクロスさせる。骨盤を立て、背中を伸ばす（なるべく身体を丸めないようにする）。

❷この姿勢のまま骨盤底筋群（ペリネ）を引き上げる、下ろすを10回以上、できる限り繰り返す。

[1] ボール で背中・腰のマッサージ

all　10回

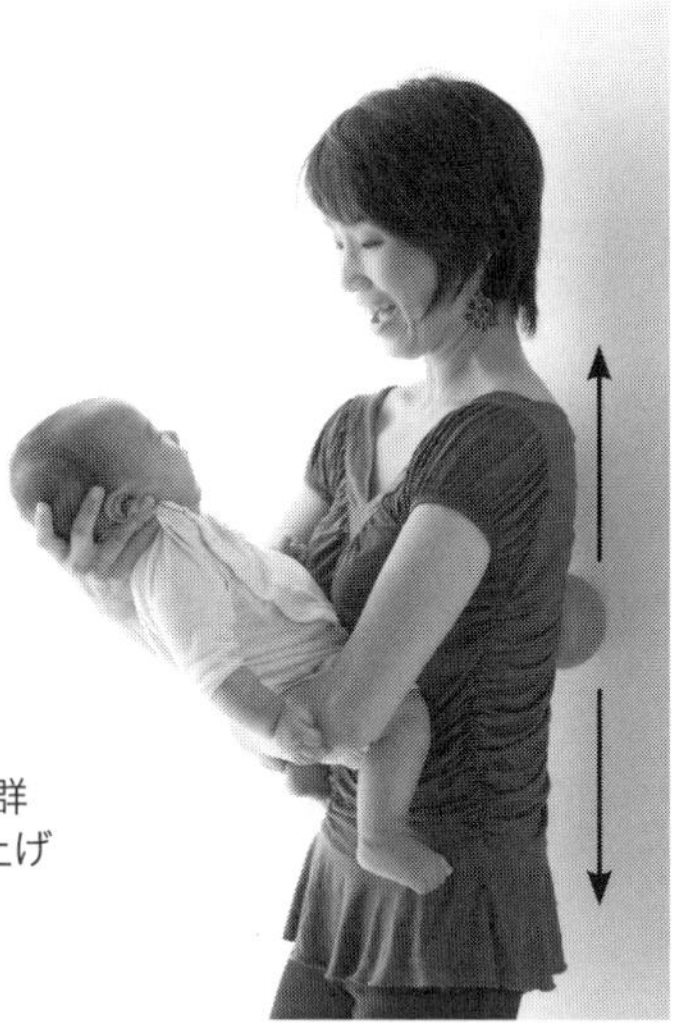

壁と背中の間にテニスボールを入れて、転がすようにひざを曲げ伸ばし、固くなった背中と腰を和らげる。大きく深呼吸しましょう！

[2] かかとの上げ下げで骨盤底筋群（ペリネ）を鍛える（ルルベ）

all

10回

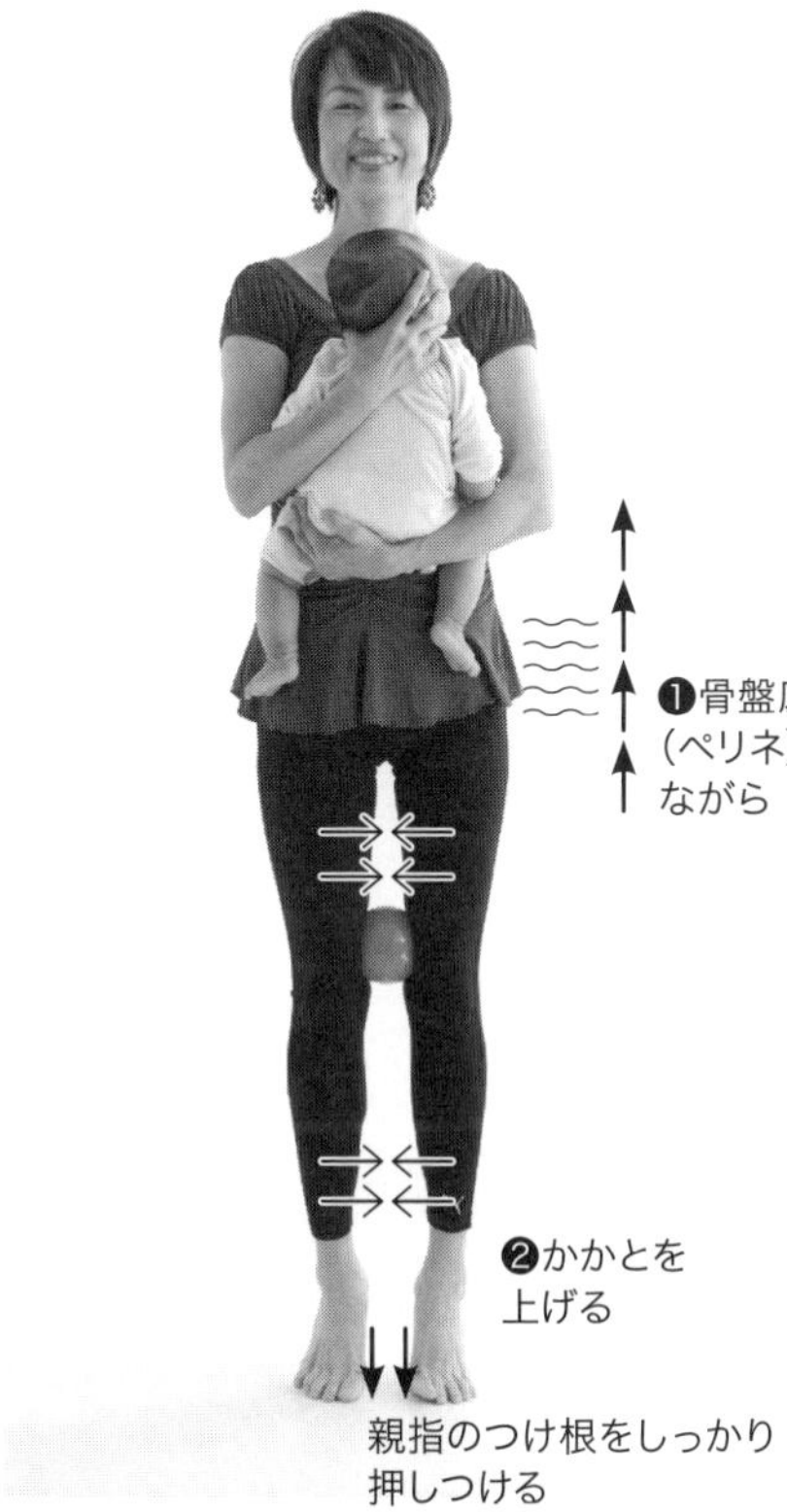
❶骨盤底筋群（ペリネ）を上げながら
❷かかとを上げる
親指のつけ根をしっかり押しつける

足の間をこぶしぐらい開け、かかとを尻骨に近づけるように上げる。この際、小指に重心がかからないように注意。ボールやクッションを脚の間にはさむとよい。

[3] 一緒にお遊びしながら腹筋を取り戻す ♥ all

30秒キープ

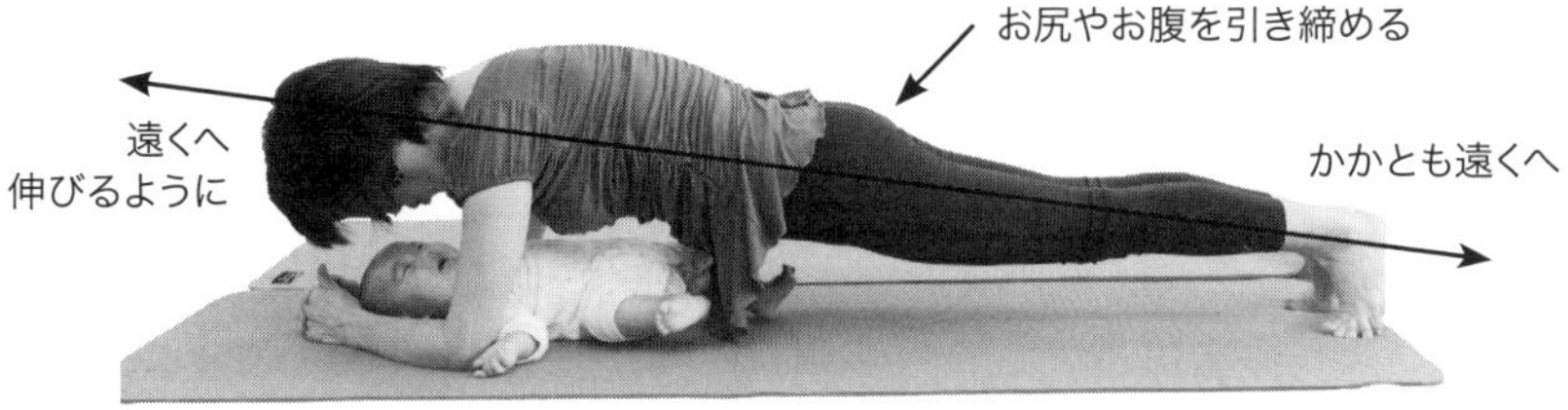
お尻やお腹を引き締める
遠くへ
伸びるように
かかとも遠くへ

❶ひじをつき、つま先を立てて体を一直線に保つ。

❷骨盤底筋群（ペリネ）を引き締め、できる限りキープする。

[4] 赤ちゃんとお遊びしながら下腹シェイプ ♥ all

10回

吐いて
DOWN
吸って
UP

横向きに寝て、両脚を上へ上げる。この際、内ももに力を入れて、上げ下げする。

Point

✽体幹を動かさないように。

［5］呼吸で肩こり改善 ♥ all 10回

あおむけに寝てバンザイをし、恥骨を高く上げるように腰を持ち上げる。呼吸しながら骨盤底筋群（ペリネ）を引き上がる。

［6］二の腕シェイプ（リバースプッシュアップ） ♥ all

30秒キープ

❶後ろに手をついてお尻を持ち上げ、鎖骨を開くイメージで首を長く伸ばす。肩が上がらないように正しい位置でできる限りキープする。

❷ひじをしっかり伸ばし切ることで、二の腕もシェイプアップ。

【産後2～5カ月】

1カ月検診が終わると子宮が元の大きさに戻り、普通の生活に戻していくことができるようになります。ここからは少しずつ外出して、気分もリフレッシュしたいころ。育児疲れのときこそ、緑豊かな公園でウォーキングしませんか？

まずは、正しく立てるか、歩けるかを慎重に確認し、赤ちゃんをベビーカーに乗せ、ゆっくり散歩することから始めましょう。まだ、全身の関節は緩く不安定な時期です。「出産が軽かったから」と油断すると、尿もれや腰痛が発生したり、足首を捻挫することもあります。授乳や寝不足でボーッとしていることも……。無理のない時間で切り上げるようにしましょう。

生活のポイント

＊かかとから着地して正しく歩く（足元はスニーカーで）。慣れてきたら、少しずつ歩幅を大きくする（110ページ参照）

＊赤ちゃんを抱っこして歩くのは、なるべく短時間に。

＊ピラティスの基礎練習（44～53ページ参照）も続ける。

赤ちゃんと一緒に気分をリフレッシュ

[1] ベビーカーウォーキング

○ よい例
リンゴをのせているイメージで
目線は遠くに
鎖骨を開く
体幹のボックスを保つ
腹圧は
かけておく
母指球で床を
しっかり押す

Point

✽慣れてきたら、少しずつ歩幅を広げましょう。

× 悪い例
×
肩の高さが違う
下を見ると肩こりに
腰がどっちかへ
開いている
手首を
曲げて押す

脇腹をすっきり
[2] サイドベント ✿ 左右各3回ずつ

背骨はニュートラルに
足
腰
手
Iライン

❶手、腰、足をIラインにして用意。

内ももを引き締める
背骨は
ニュートラルを保つ
ひじを伸ばしすぎない
ウエストを
引き上げる

❷ひざを伸ばして、斜め一直線になる。

天井から吊られているようにウエストを引き上げるイメージ。

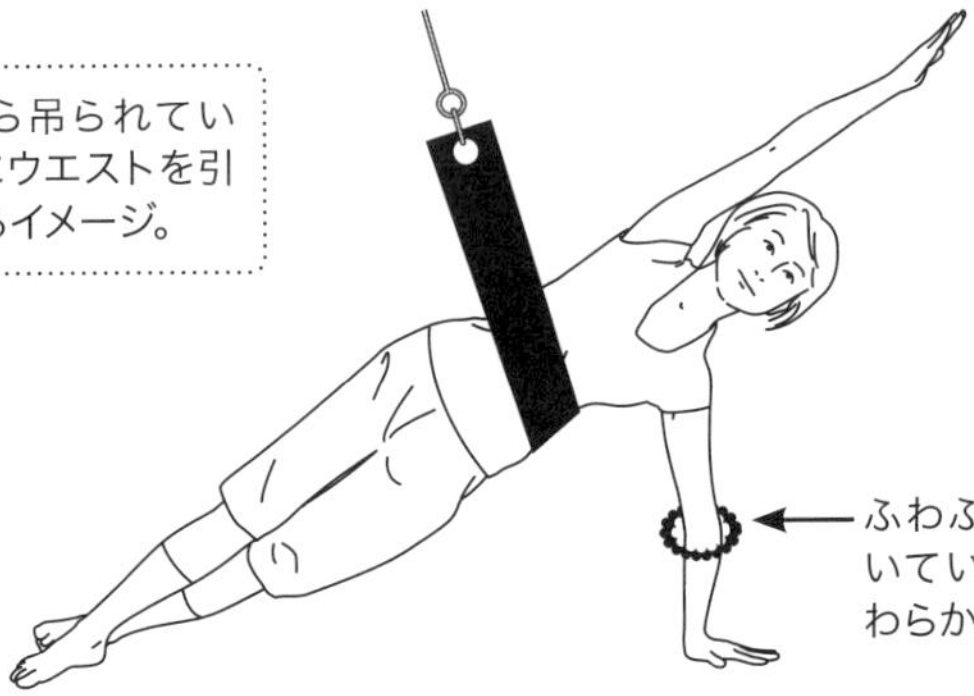

ふわふわのシュシュを巻いているようにひじをやわらかく伸ばすイメージ

お尻のシェイプアップ

［3］グラスホッパー ✿ 10回

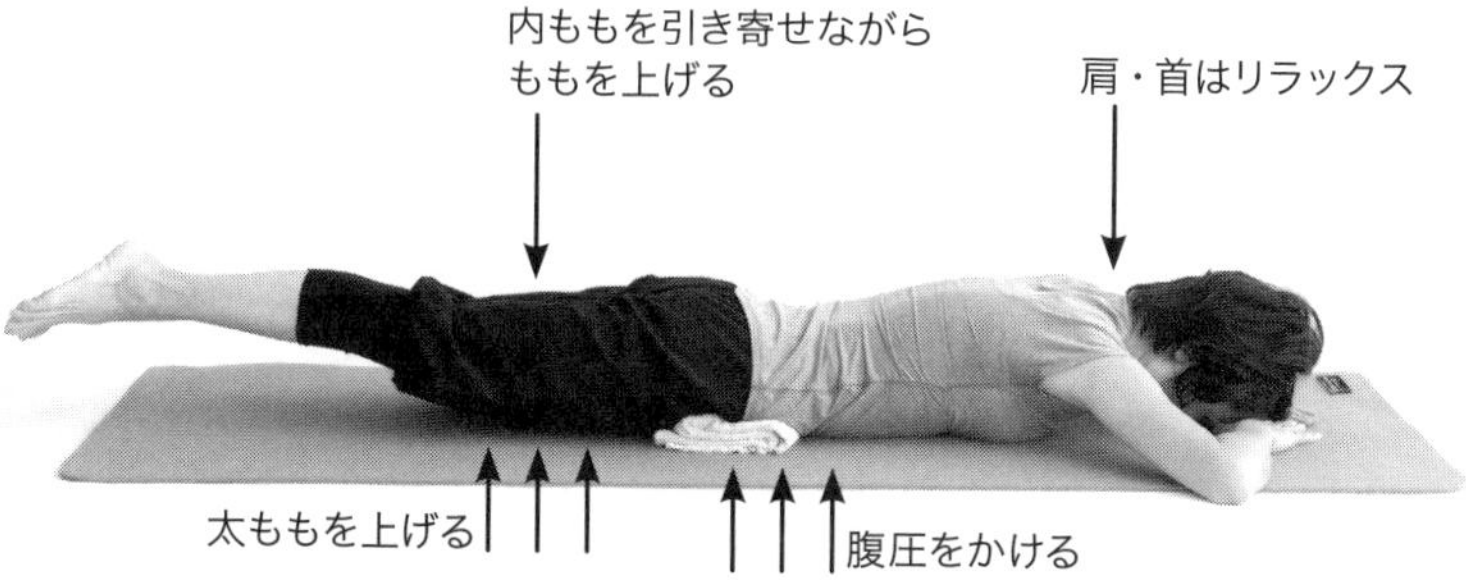

❶手をおでこの下に置き、うつ伏せに寝る。
❷腹圧をかけたら、ももを持ち上げる。

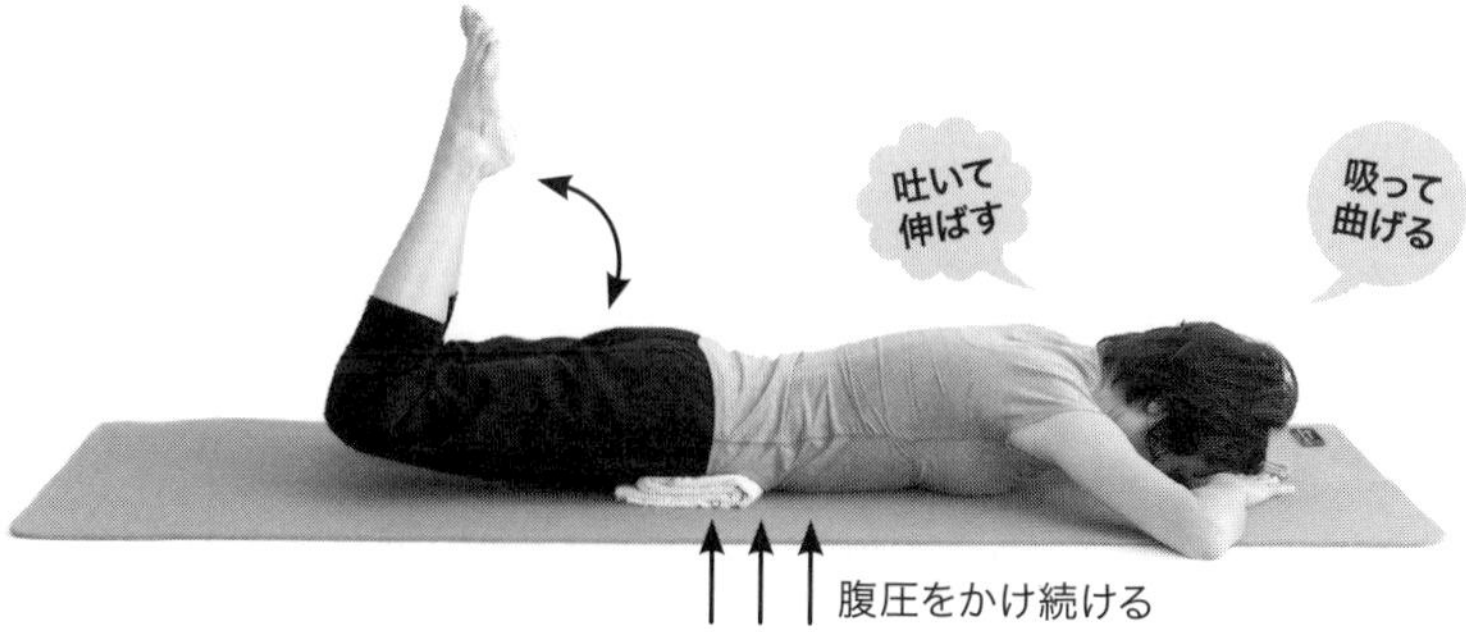

❸ひざを曲げる、伸ばすを繰り返す。

《オプション》伸ばしたとき、かかとを「カンカン」と打ち鳴らすように寄せる。

【産後6カ月〜産後ずっと】

少しずつ、身体を緩めるホルモンの力が弱まります。この辺りから次のステップのエクササイズを始めましょう。産後太りで気になるお腹まわりやお尻などを集中的に動かします。

ただし、油断は禁物です。自分の身体と相談しながら、「まだ、関節が緩いんだな」「なんだか、身体が安定しないな」と感じるならば、「少ない回数、小さな動き」から始めていきましょう。

エクササイズのポイント

＊頭を上げるときは、少しあごを引くようにする。
＊脊椎（背骨）を長く保つこと。
＊腹圧を入れ続けること。

産後6カ月〜産後ずっとのピラティス

尿もれ改善、お腹・内ももの引き締め

[1] スライドディスクエクササイズ

A サイドスプリッツ 10回

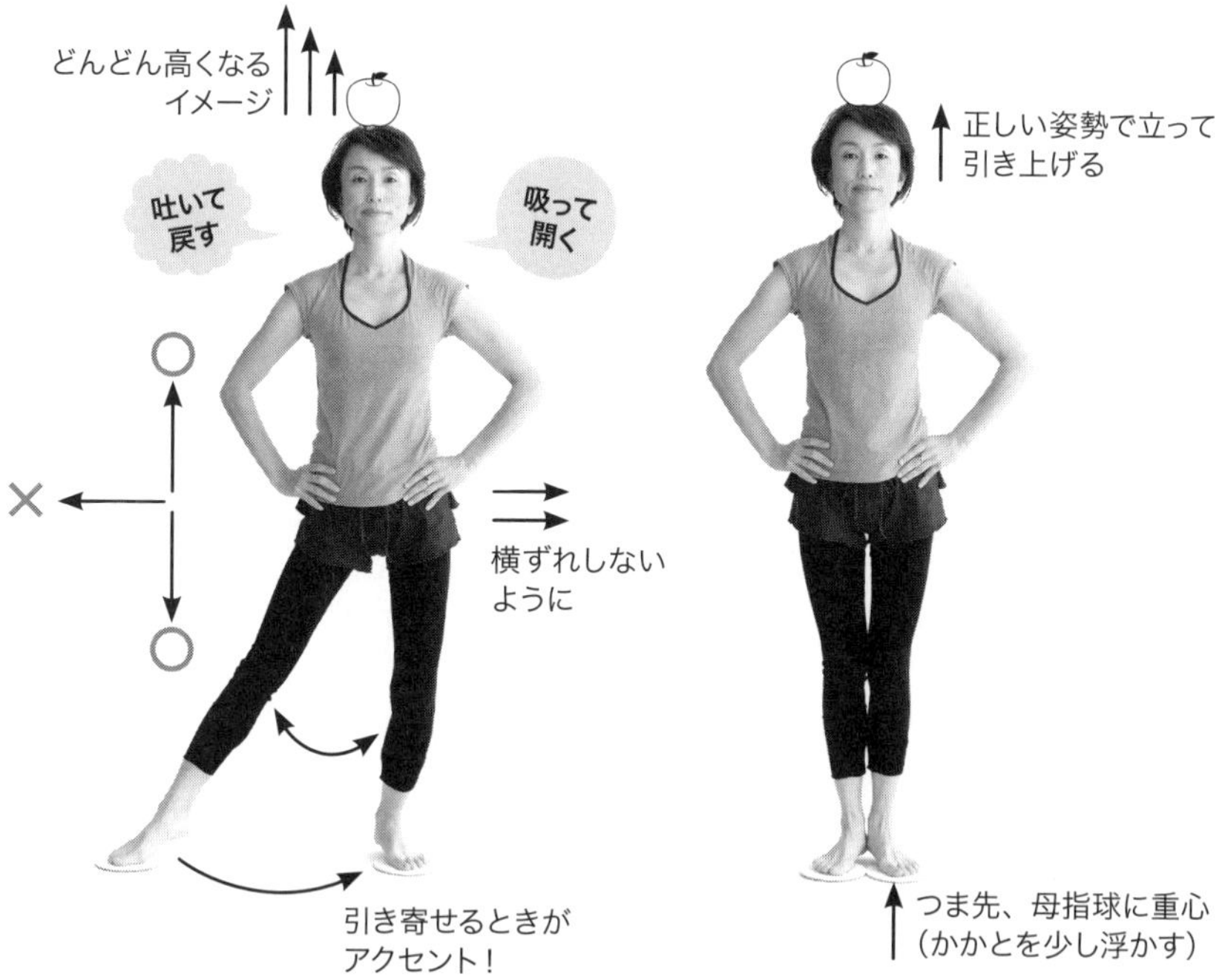

❶ディスクにつま先重心で乗る（少しかかとが浮くように）。

❷内ももを引き締めて、開いたり閉じたりする。

❸どんどん背が高くなるイメージで行う。

ディスクは、ホームセンターなどで購入できるカットカーペットを、直径10cmぐらいの大きさに丸くカットしたもの。

Point

- 軸足が横にずれやすいので注意。
- トイレをがまんするイメージで引き寄せます。

注意

このエクササイズは床（フローリング）で行ってください。

Ⓑ ロンデジャンプ ✿ 左右各5回

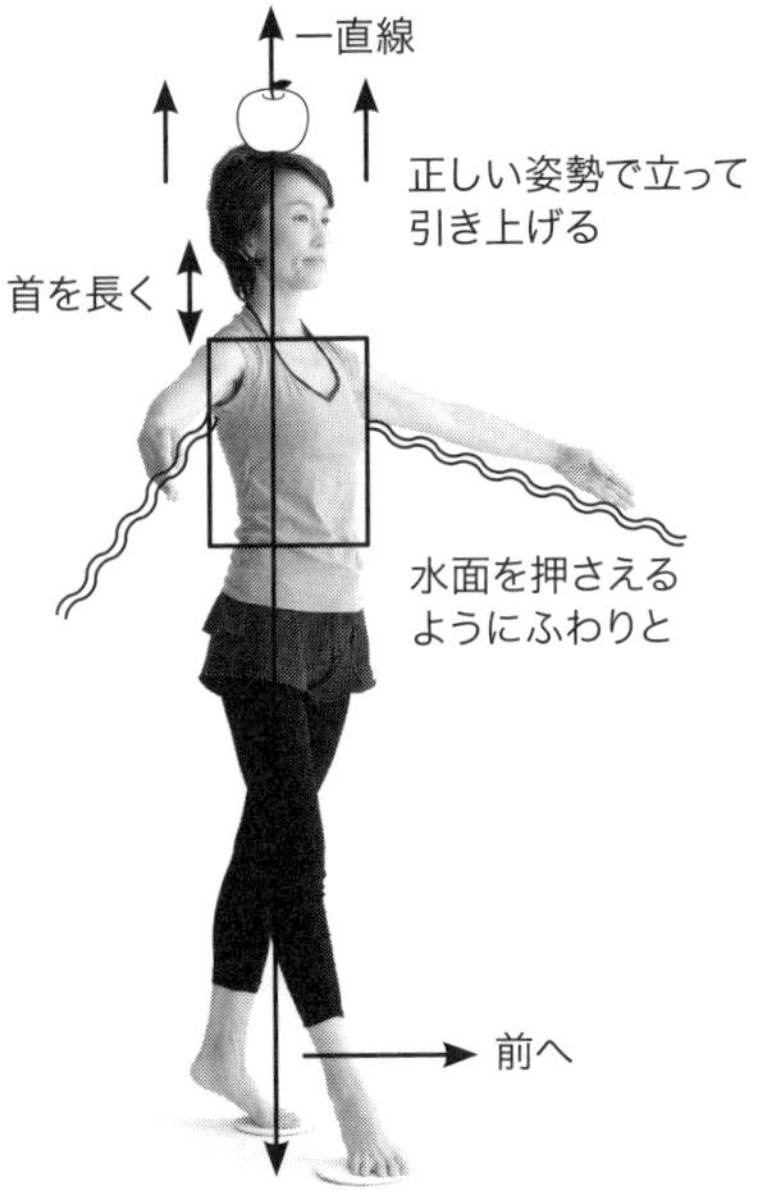
一直線
正しい姿勢で立って
引き上げる
首を長く
水面を押さえる
ようにふわりと
前へ

❶壁を背にしてディスクに自然に立つ。頭頂部を上から糸で吊られているようなイメージで。

軸のお腹を
引き上げる
横へ

❷ ❶のように片足を前方へ、❷のように横へ回す、❸のように後ろへ回す。

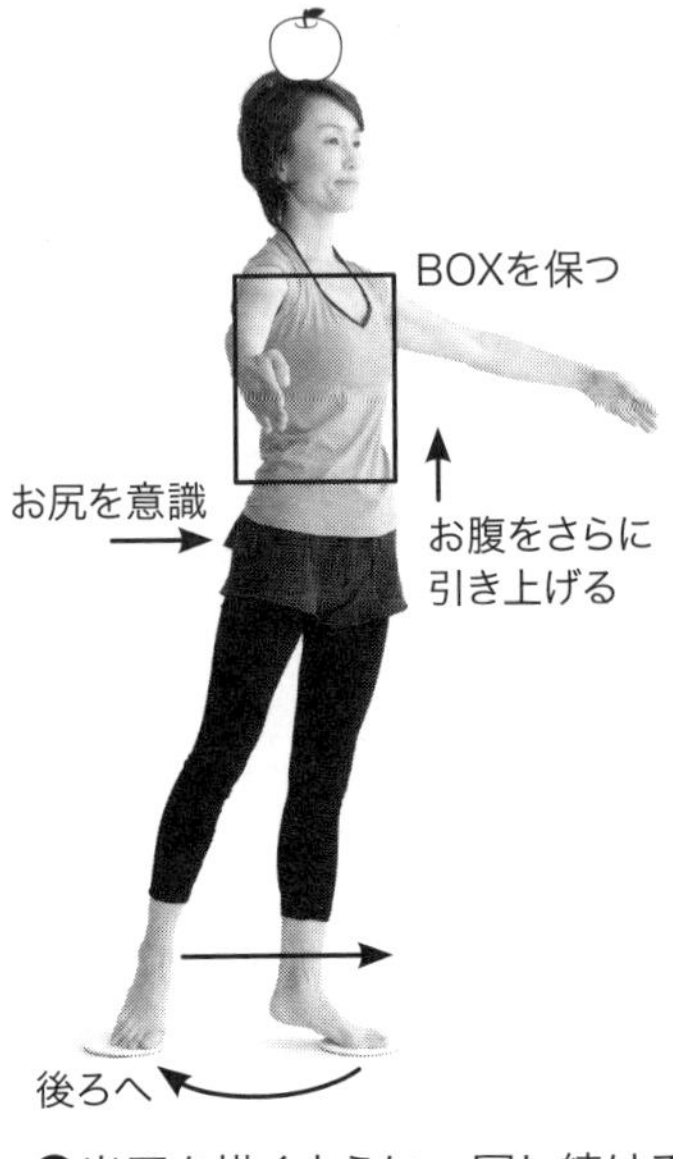
BOXを保つ
お尻を意識
お腹をさらに
引き上げる
後ろへ

❸半円を描くように、回し続ける。

Point

- ❷～❸をしっかり大きく回す。お尻が引き締まり、骨盤が安定します。
- リズム良くなめらかに続けます。
- 自分のセンター（中心）を見つけましょう。

Ⓒ ハンズバック ✿ 10回

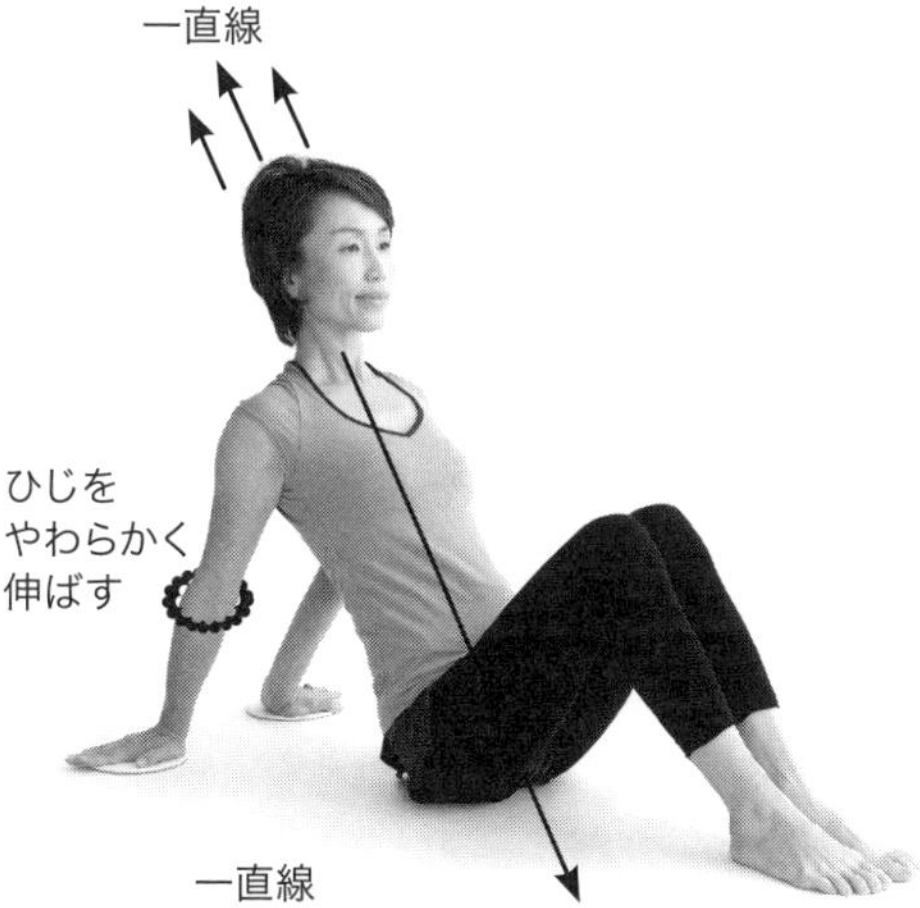
一直線
ひじを
やわらかく
伸ばす

❶肩の後ろでディスクに手をつく。指先は横向き。

一直線
吸って
後ろへ
吐いて
戻る

❷手を後ろへ滑らせ、戻す。

✕ 悪い例

肩が上がる
腰が丸い

Point

- 背中をまっすぐ保てる範囲で動かします。
- 二の腕と肩甲骨を引き寄せます。
- 肩を下ろし、首を長く保ちます。

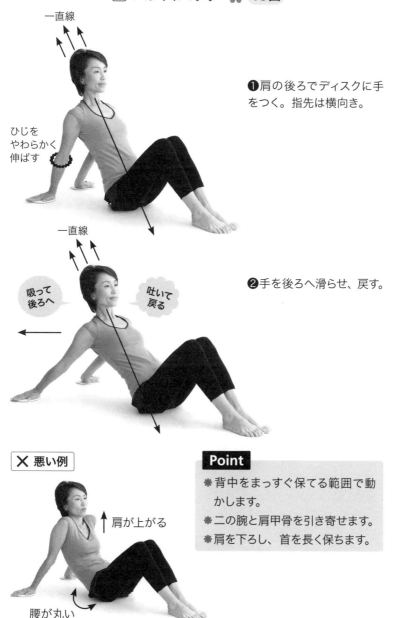

座ったままで脇腹すっきり

［2］ソウエクササイズ ✿ 左右交互に3セット

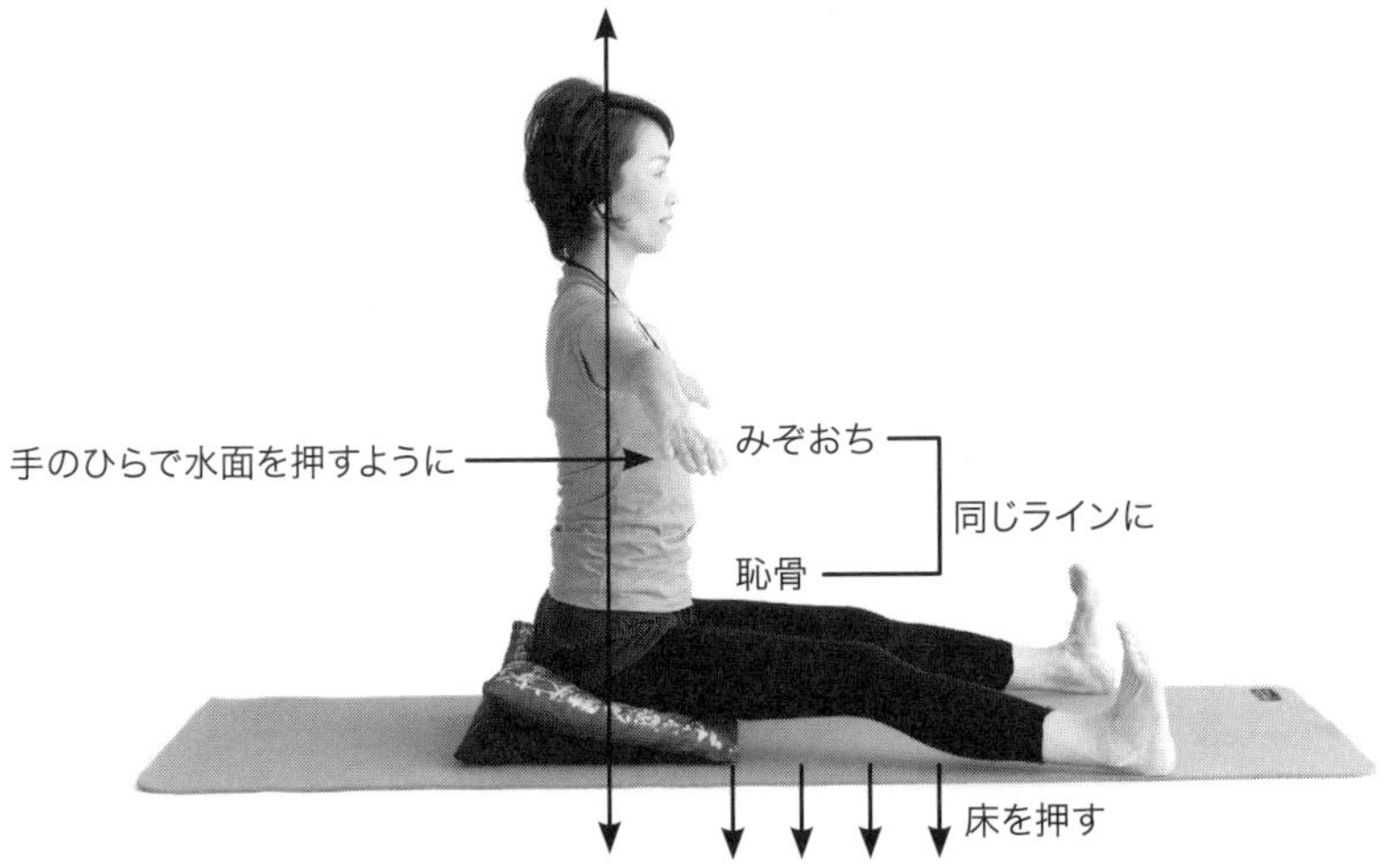

手のひらで水面を押すように
みぞおち
恥骨
同じラインに
床を押す

❶脚を伸ばして座り、肩幅に脚を開く。腕は肩の横で、両脇にある物を取るようなイメージで大きく伸ばす。

吸って回す
肩の高さを水平に
水面を押さえているようなイメージ

❷左に身体をひねる。

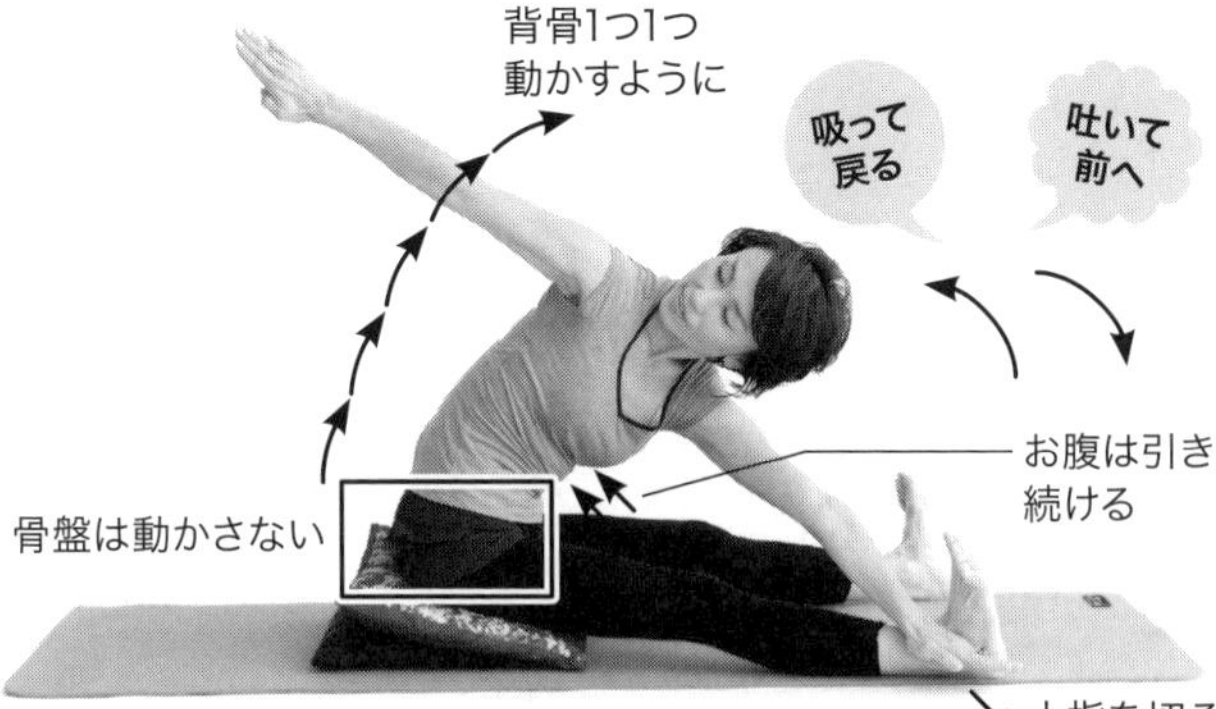

❸左手がのこぎりの刃で右脚の小指を切るようなイメージで、頭と胸を右足の方に伸ばす。前ストレッチしている間、息を深く吐き出す。息を吸いながら背骨を1本ずつ立てあげ、スタートに戻り、反対側も同じように行う。

簡単バージョン

Point

- 脊椎（背骨）を長く引き伸ばしながら回します。
- 脚と骨盤をしっかり床につけておきます。

正しい姿勢を保つ、筋力をつける

［3］ダブルレッグストレッチ ✿ 5回

❶あおむけになり、ひじを伸ばしたまま両手でひざを胸で抱えて頭を起こす。

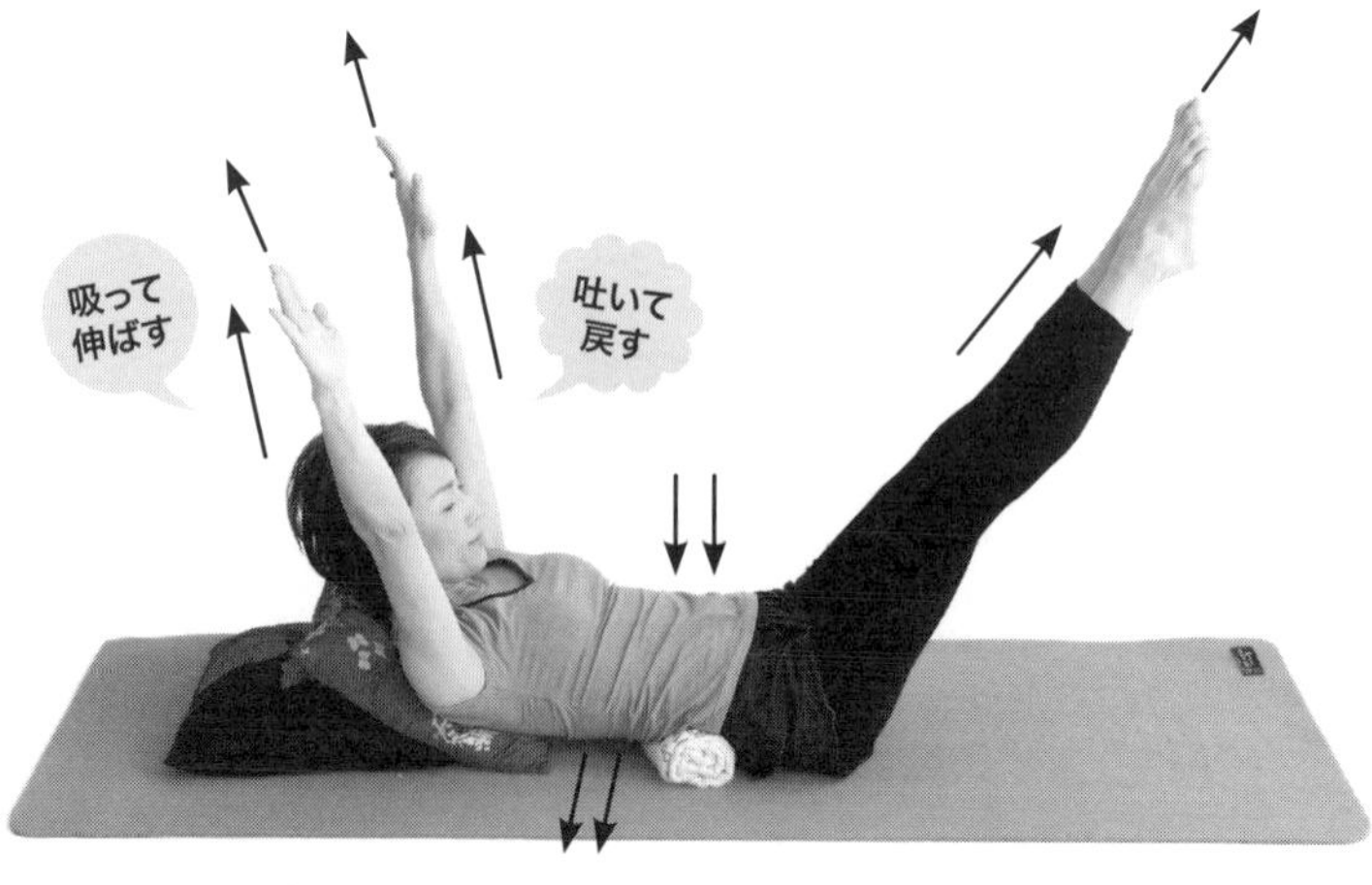

❷息を吸って45度の高さに両手と両脚を突き刺すように伸ばす。

❸息を吐きながら再びひざを曲げてお腹の方に引き寄せ、両手で水を掻き出すようにしながら両脚を抱える。

水中から水上へ手と脚を突き出すようにイメージして、手足を長く遠くへ。

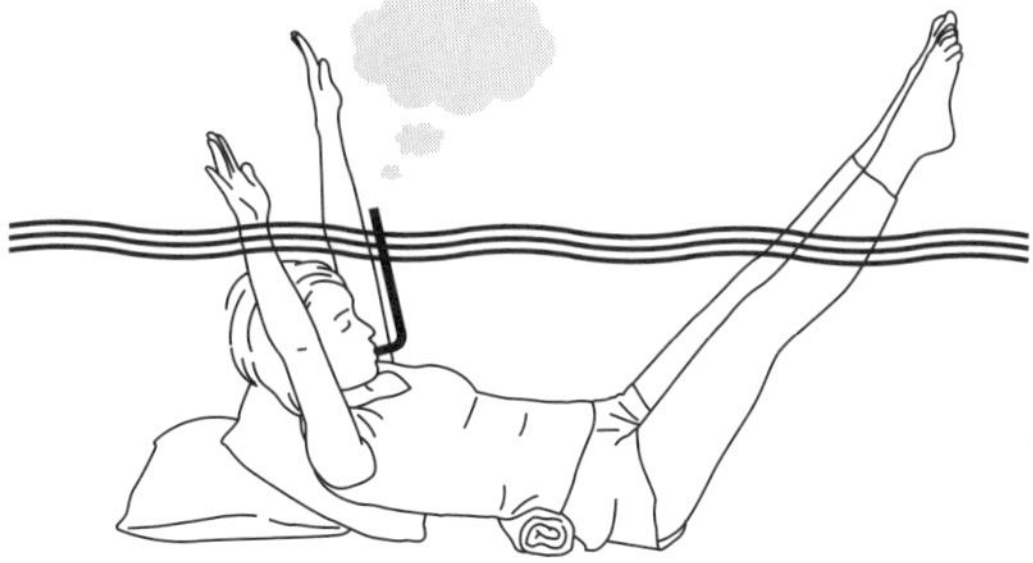

✕ 悪い例

A　首を折り曲げるように（手で強く首を持ち上げない）
B　尾骨を巻き上げない

Point

- 始めは手で頭を支えて起こしましょう。そのとき、頭を手に押しつけるようにします。お腹を潰さないよう、引き伸ばすように使います。
- 息を吐き出すときは、肺から絞り出すようにイメージしましょう。

引き締まったウエストをつくる

［4］クリスクロス ✿ 左右交互に5セット

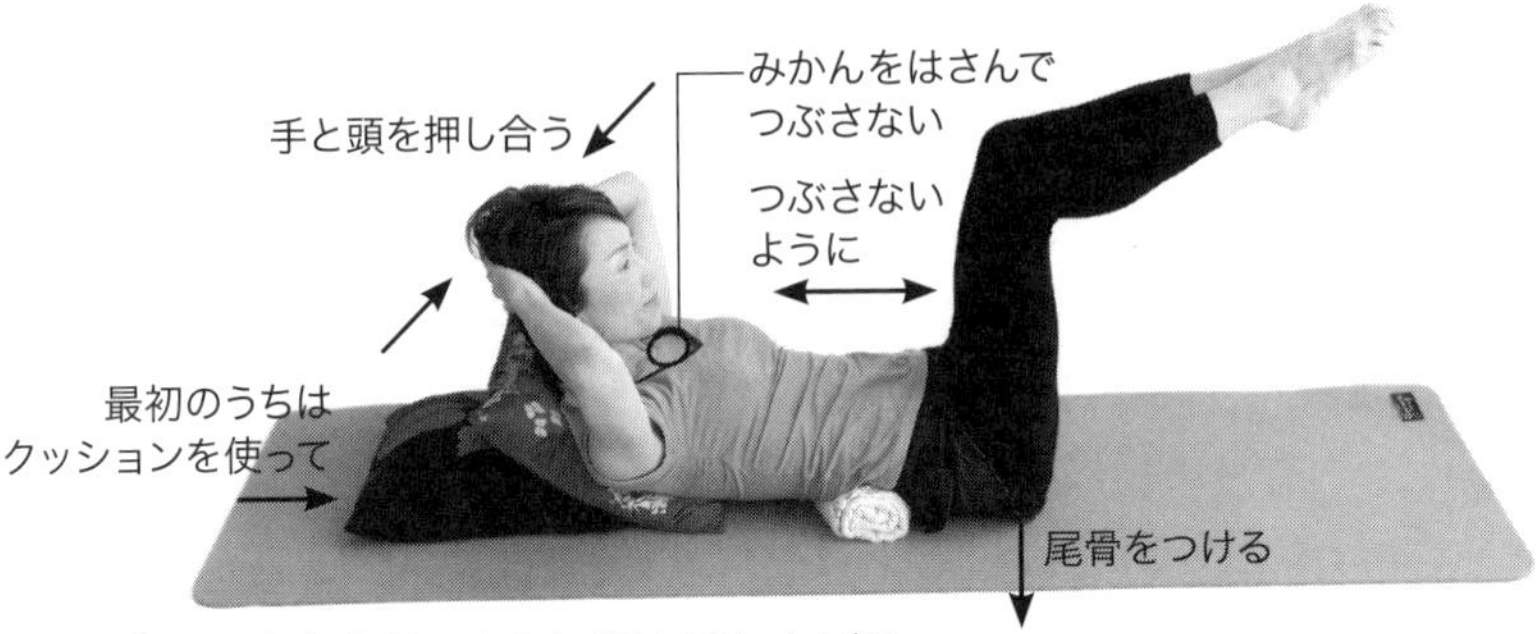

❶みぞおちを見るように頭を持ち上げる。

❷右方向へツイスト。左脚をひじに引き寄せる。反対方向にもツイストする。

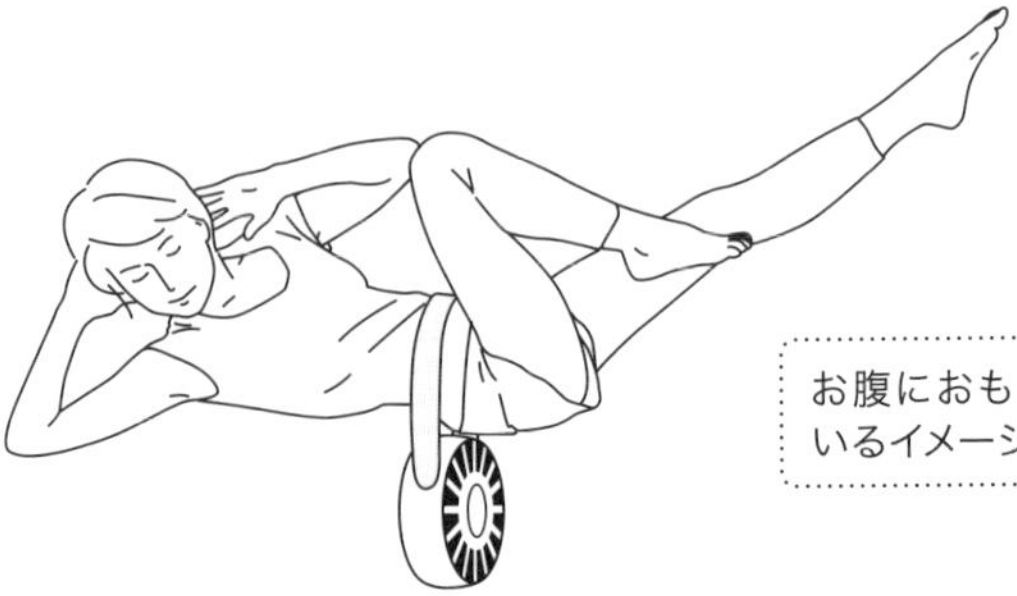

お腹におもりを下げているイメージで。

Point

- 手と頭を押し合い首を長く保ちます。首の折り曲げすぎに注意。
- お腹は引き締めながらなるべく長く保ちます。
- 始めはクッションの上で。クッションがなくてもできるように練習を続けましょう。

呼吸の練習、下腹の引き締めに

［5］ローリングライクアボール ✿ 5回

❶みぞおちを見るように頭を持ち上げる。

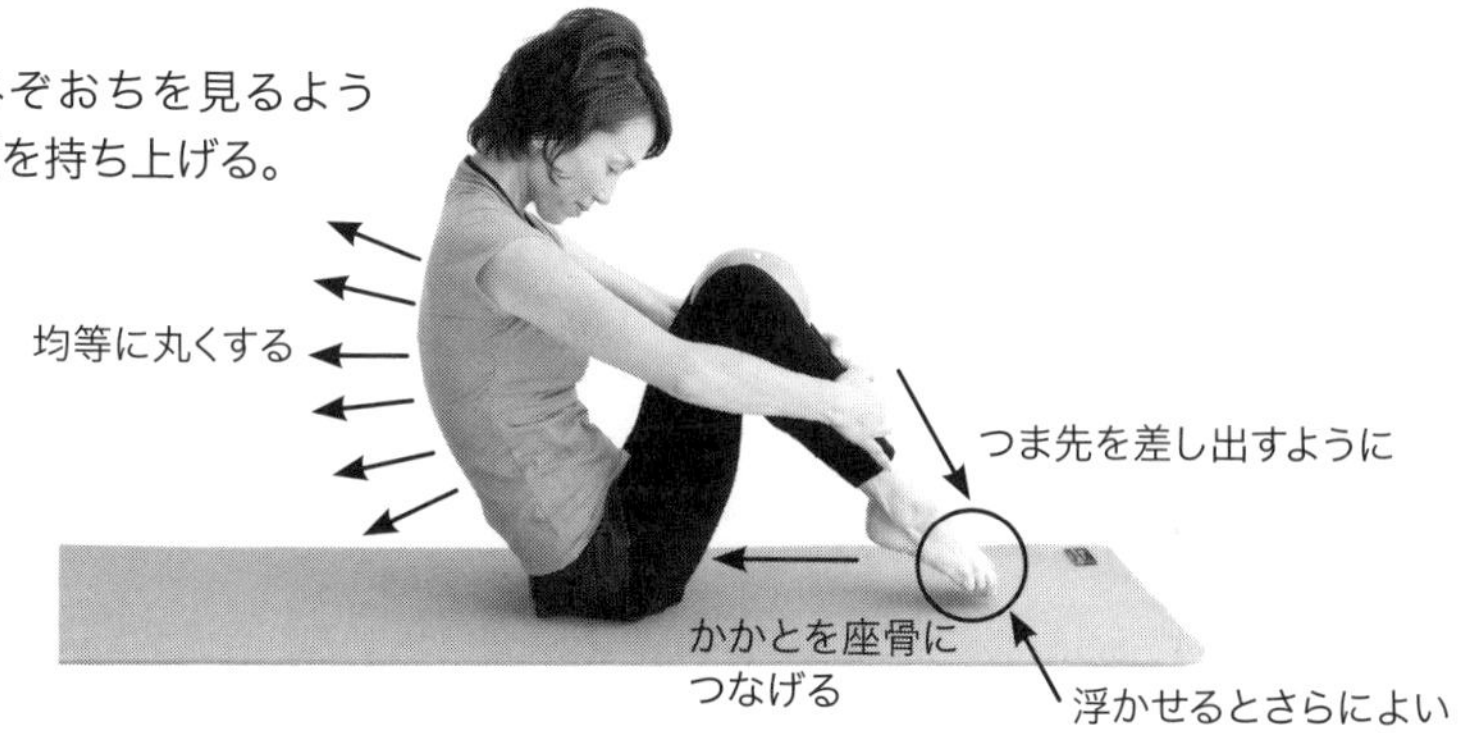
均等に丸くする
つま先を差し出すように
かかとを座骨につなげる
浮かせるとさらによい

❷肩まで転がり、起き上がる。

手と脚は押し合い続ける
吸ってころがり
吐いてUP
尾骨を巻き上げるように

シーソーのイメージで、コロンコロンとなめらかに。

Point

✽「おへそを引いたら転がった……」ように骨盤から転がります。頭や肩から落ちないように注意。

✽頭や脚を振らないで、吐く息とともに起き上がります。

深い呼吸、猫背、肩こりの改善に

［6］スワンプレップ ✿ 3回

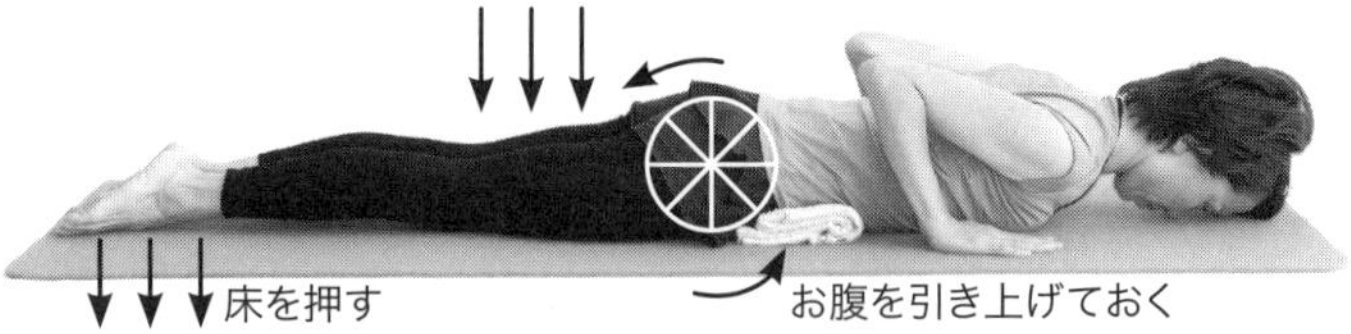

❶うつぶせになり、肩の横に手のひらを置いてマットをしっかり押す。足はなるべく引き寄せて足の甲でマットを押す。

❷息を吸いながら頭から順番に脊椎（背骨）を1つずつ動かすように、上体を持ち上げる。首と胸は長く伸ばす。

❸息を吐きながら上体を下ろして元の位置に戻す。両脚の内もも、座骨を引き寄せ続ける。

Point

- 恥骨からみぞおちが最大に伸びているか、使っているように腹圧をかけ続けます。
- 骨盤底筋群（ペリネ）を使い、座骨を引き寄せ続けましょう（お尻のほっぺ部分に力を入れすぎないよう注意）。

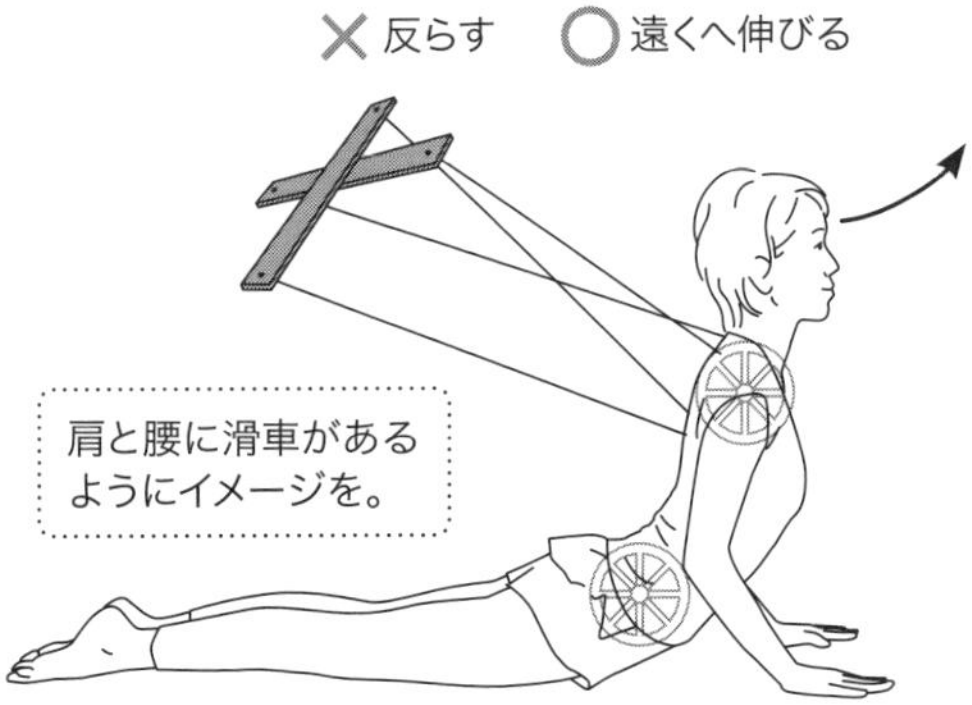

「ピラティス生活」が最終目標！

ピラティスは「エクササイズが上手にできるようになる」のが目的ではありません。ピラティスを知り、正しい姿勢で生活ができるのが目標です。

産後は、いち早く「シェイプアップしたい！」と誰もが願いますが、今は「姿勢を良くする」ことが大切な時期。家事・育児は、体前面の筋肉ばかり使いますので、猫背や腰痛になりやすく、筋肉のつき方はとてもアンバランス。姿勢が悪い↓呼吸が浅い↓横隔膜が動かない↓腸腰筋が硬くなる↓股関節が動かない↓姿勢が前かがみになる……と、負の連鎖におちいりがちです。まずは、正しい姿勢をつくり、シェイプアップ運動を行う準備を整えましょう。

また、小さな子どもと一緒に移動するのは、想像したよりも大変です。立ち座りの多い和室で生活する場合は、腰もひざも弱く緩いまま酷使し続けて、痛めてしまいやすいのです。さらに、産後3～4カ月ぐらいで腱鞘炎を発症する方も多いようです。

「ピラティス生活」の目標は、①始める前（意識がない）↓②3カ月（意識してもできない）↓③6カ月（意識すればできる）↓④1年（無意識でもできる）です。ピラティス氏の言葉にも「10レッスンで違いを感じ、20レッスンで違いが見え、30レッスンで新しい身体が手に入る」があるように、1年ぐらいで「ピラティス生活」を手に入れましょう。

[1] 歩き方

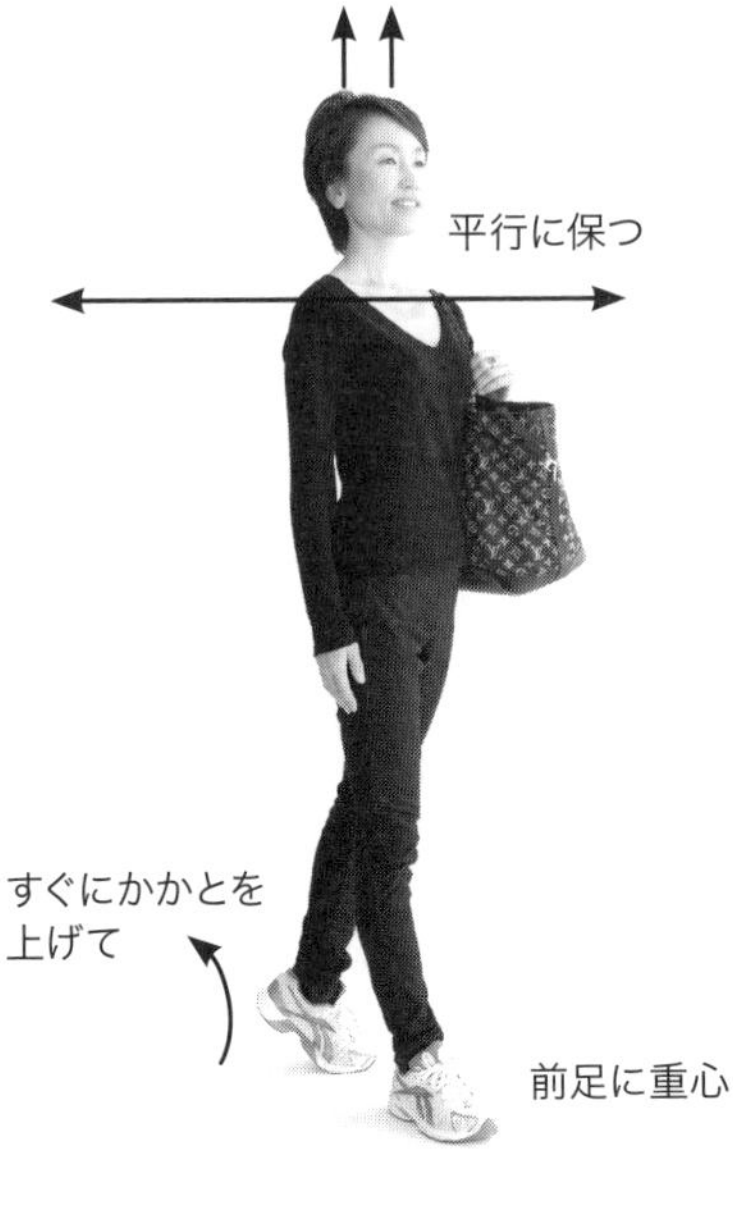
平行に保つ
すぐにかかとを
上げて
前足に重心

○ よい例
目線は
遠くを見る
ひざを伸ばす
かかとから
着地する

❷前足に重心を置いたら、すぐ後ろのかかとを上げて前へけり出す。

❶正しい姿勢で、ひざを伸ばしてかかとから着地する。

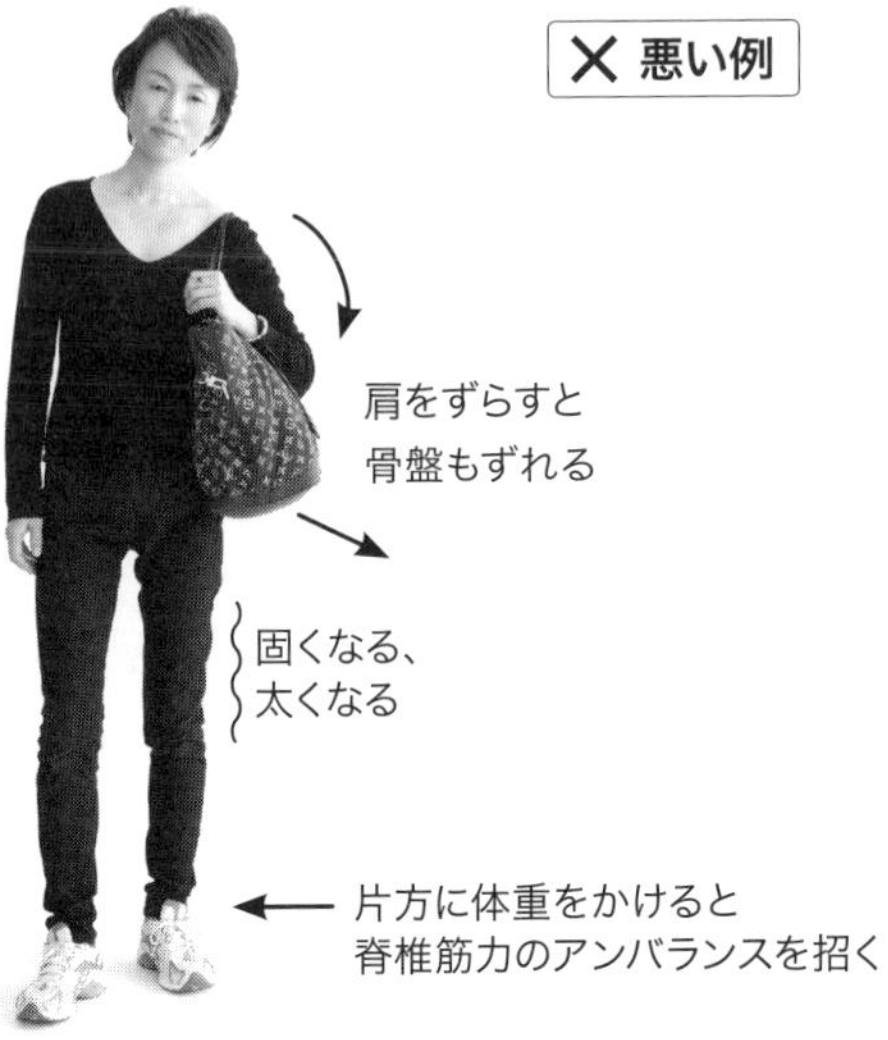
✕ 悪い例
肩をずらすと
骨盤もずれる
固くなる、
太くなる
片方に体重をかけると
脊椎筋力のアンバランスを招く

片側で荷物を持つとどうしても肩の位置がずれ、筋肉バランスが悪くなります。特に骨盤を横へずらすと股関節痛にもなりやすいので注意。

［2］座る姿勢

○ よい例

足は床につける

クッションなどを背中に当て、背骨がまっすぐになるように座る。背中をクッションにつけているので姿勢がくずれにくくなり、身体も楽に。

※座骨は左右均等に体重をかける。脚を組むと筋肉がアンバランスになる。

× 悪い例

圧迫
固くなる
×
足が床についていない

深く腰掛けてしまうとお腹が圧迫され呼吸が浅くなる。腰痛や股関節も固くなり、脚がむくみやすい。

［3］抱っこ（リフティングの場合）

✕ 悪い例

丸めたまま抱えると
ぎっくり腰になりやすい

腰を下ろさず、ひじも伸ばしたまま抱っこすると、腰を痛めやすく、腱鞘炎を起こす原因にもなる。

〇 よい例

背中まっすぐに

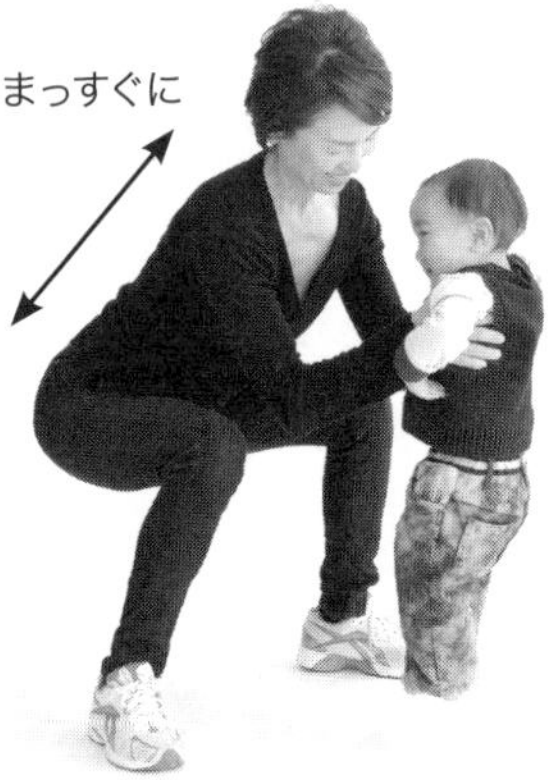

❶子どもの目線までスクワット。背骨をまっすぐに保って、骨盤底筋群（ペリネ）に腹圧を入れて用意。

❷ひじを曲げ、腕の力も使って抱き上げる。

［4］抱っこ（キャリーの場合）

片方の腰に乗せて抱っこすると、骨盤周りの筋肉の不均衡により腰痛や股関節痛になる。また、外側に筋肉がつき、足が太く見えやすくなる。

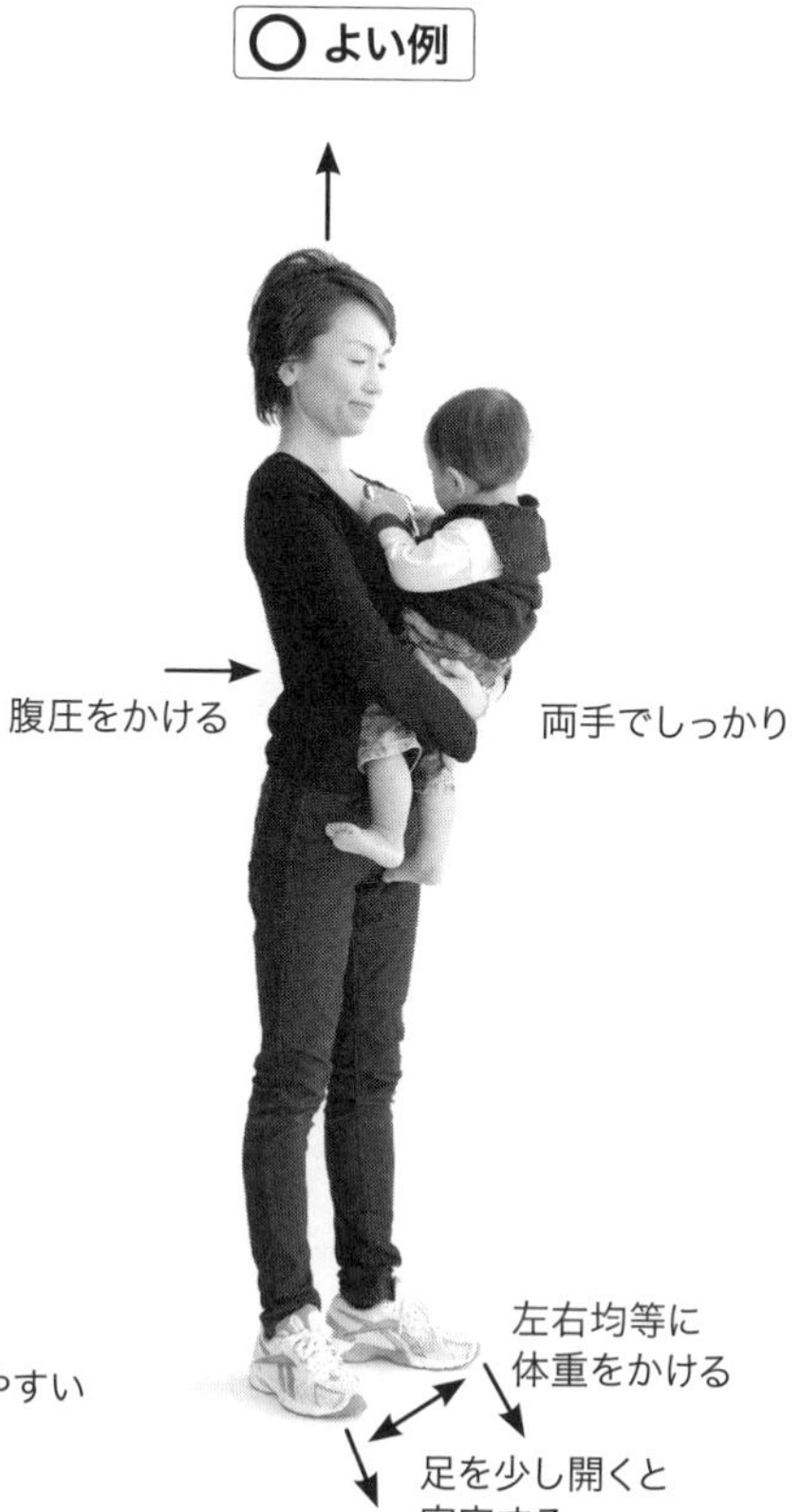

両手で抱けるときは、左右の足に均等に体重をかける。

Point

✽とは言っても、片手で抱っこしながら家事をすることが多いものです。なるべく短時間にし、子どもをおろしたら、すぐ身体をほぐしたり、ストレッチなどをしましょう。

［5］高いところのものを取る

○ よい例

まっすぐ
腹圧をかける

正しい姿勢を保ち、骨盤底筋群（ペリネ）やお腹に力を入れてから全身の力で持ち上げる。

飛行機の物入れへ大きなスーツケースを入れるときをイメージ。

× 悪い例（肩が上がっている）

肩こりに
なりやすい

腕の力だけで上げようとすると、肩が上がり、肩こりや猫背の原因に。

× 悪い例（腰を反りすぎ）

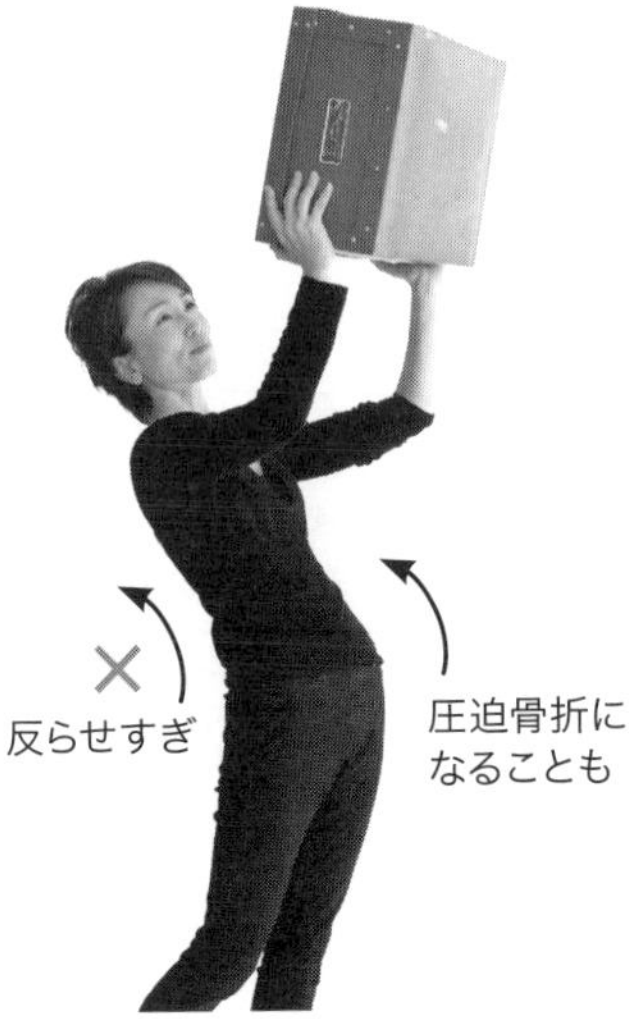
×
反らせすぎ
圧迫骨折に
なることも

お腹の力を抜いていると、腰を反らせすぎたり、腰部を圧迫しすぎてしまう。

［6］下にあるものを持ち上げる

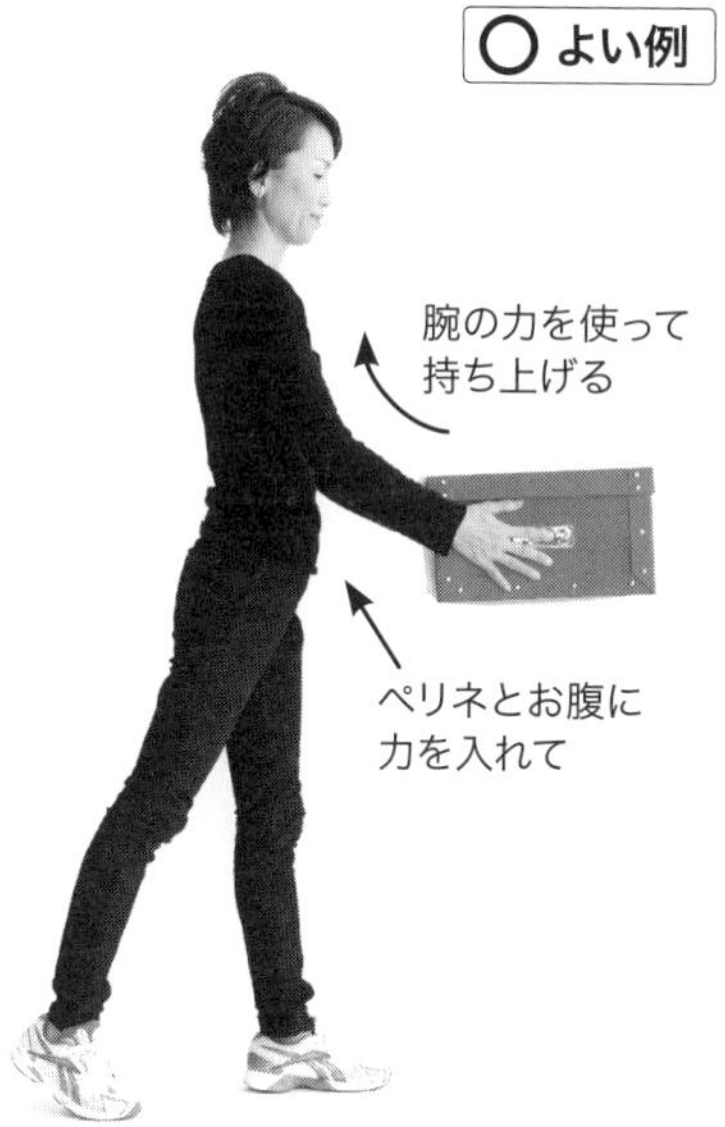

○ よい例
腕の力を使って
持ち上げる
ペリネとお腹に
力を入れて

❷ひざを曲げ、腕の前側の筋力を使って持ち上げる。骨盤底筋群（ペリネ）とお腹に力を入れ続ける。

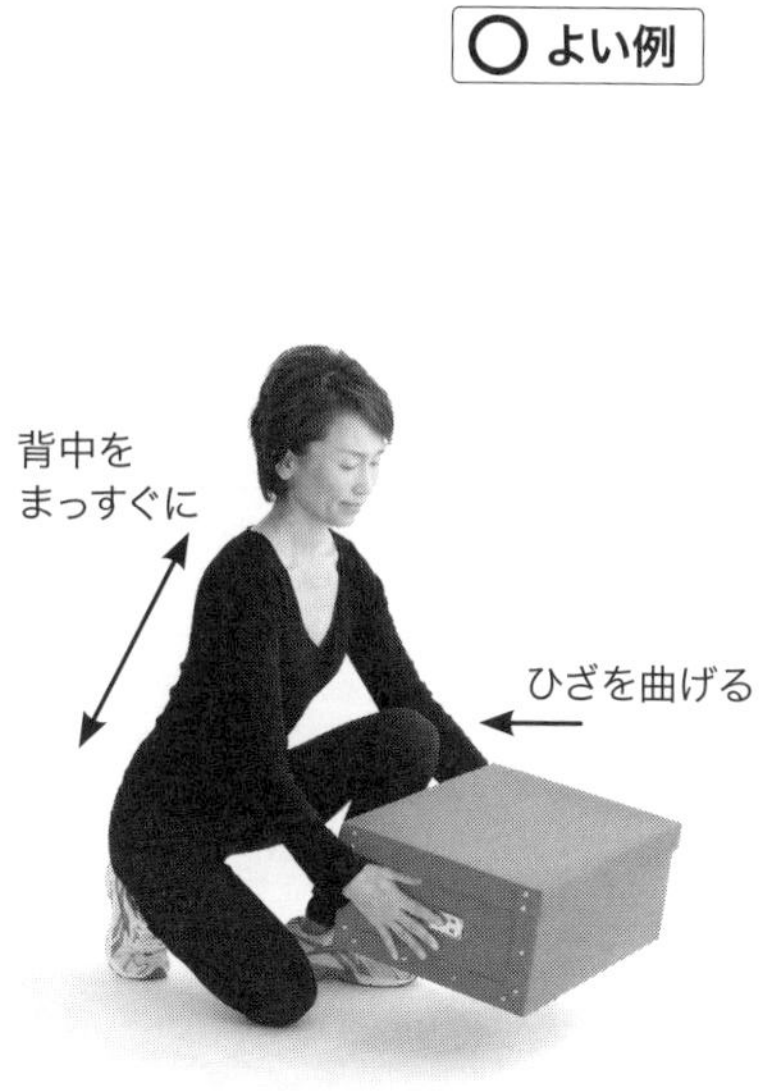

○ よい例
背中を
まっすぐに
ひざを曲げる

❶どちらかの脚を前に出し、背中をまっすぐに保って用意。骨盤底筋群（ペリネ）とお腹に力を入れる。

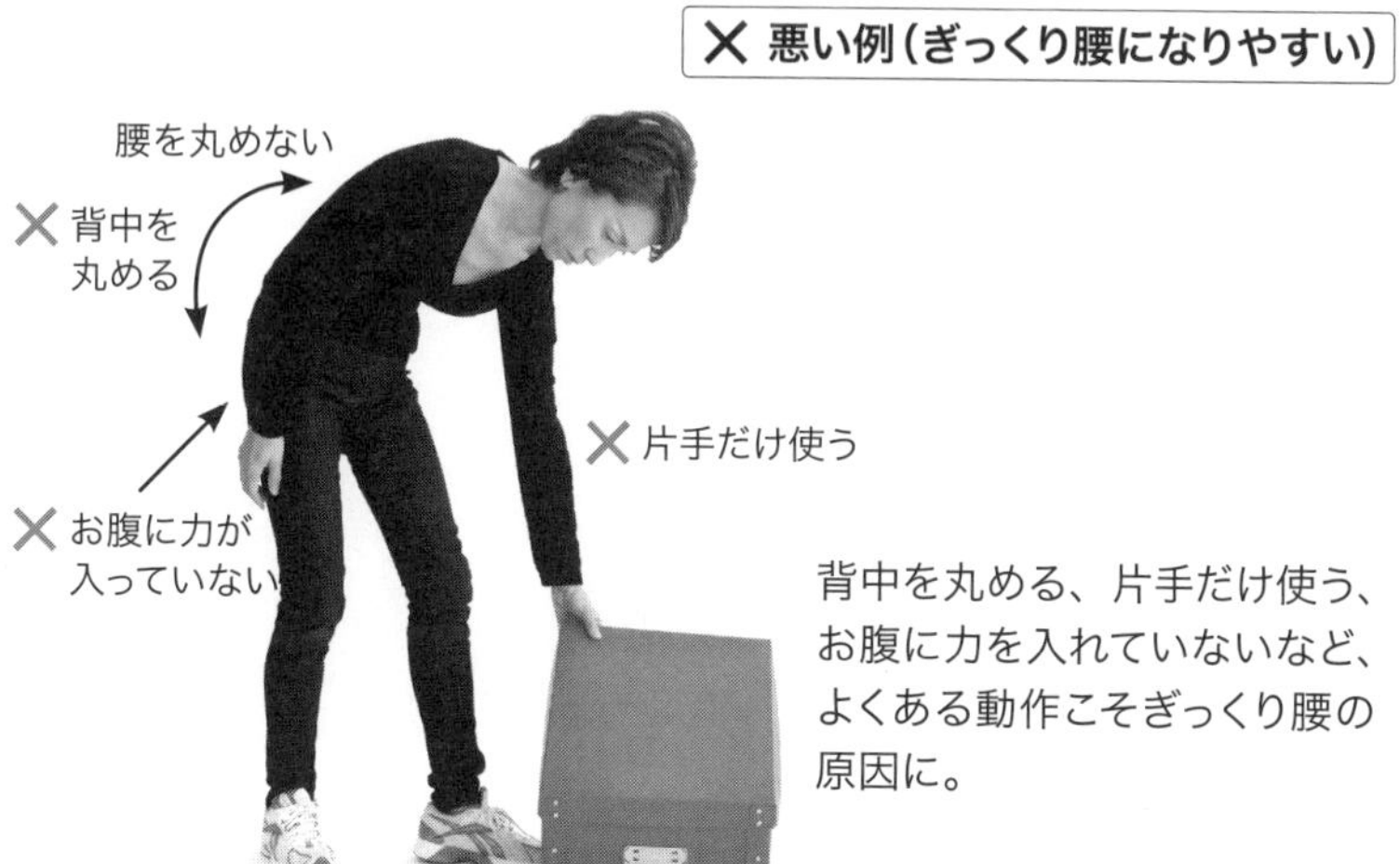

✕ 悪い例（ぎっくり腰になりやすい）
腰を丸めない
✕ 背中を
丸める
✕ 片手だけ使う
✕ お腹に力が
入っていない

背中を丸める、片手だけ使う、お腹に力を入れていないなど、よくある動作こそぎっくり腰の原因に。

［7］台所でものを切る

脊椎（背中）を
丸める力で切る

○ よい例（力が入る）

自分の体重と脊椎（背中）を丸める力で切る。

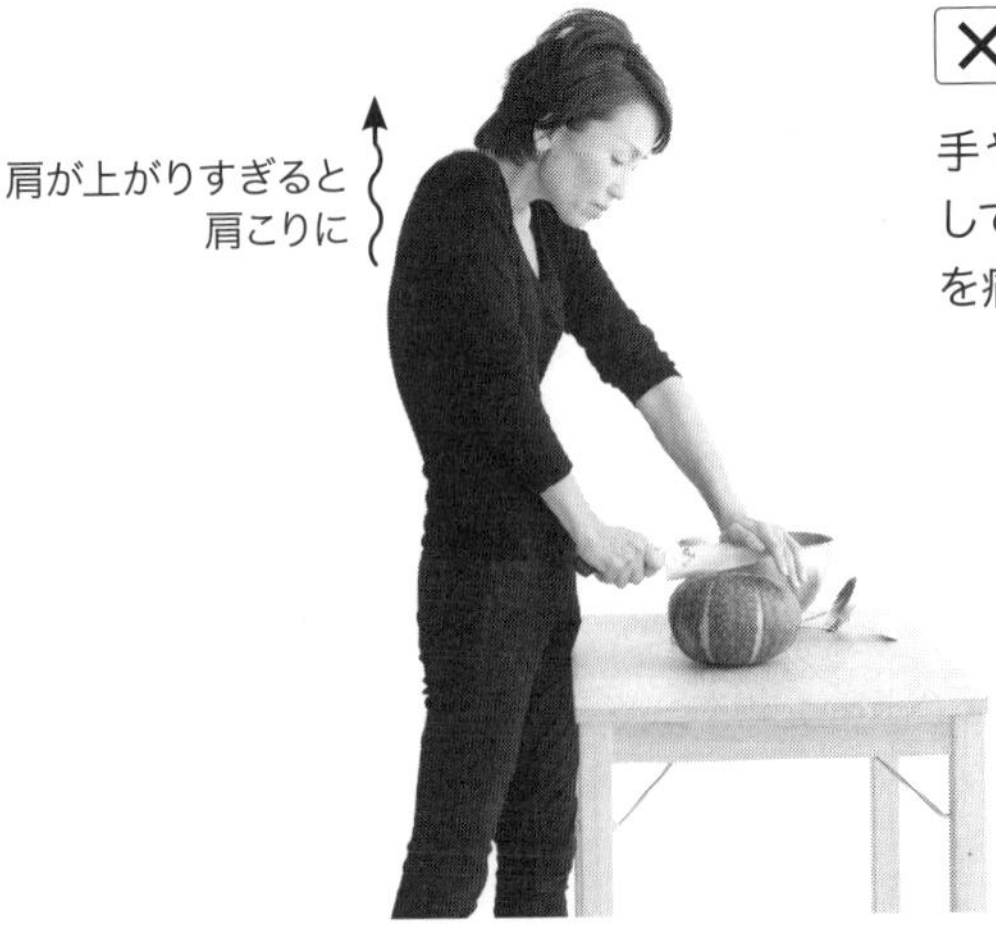
肩が上がりすぎると
肩こりに

× 悪い例（力が入らない）

手や腕の力だけで切ろうとしても力が入らず、肩や手首を痛める。

生活のためのピラティスポイント

＊「立っているとき、座っているとき、歩いているときにも完璧な姿勢が保たれると、そこで使われるエネルギーはたったの25%。残りは緊急時のストックとして蓄えられる」とピラティス氏の言葉にあるように、ピラティス生活は、エコロジーで効率的！　家事や育児が労働だと思っている方は、今すぐ意識し始めてください。

付章

ピラティス＋食事で身体の中からもケアを

体重をコントロールし、身体の機能を高める食事のすすめ

若さと元気をチャージする薬膳療法

最後に食事についても少し触れておきたいと思います。

子どもたちの同級生ママは20、30代。自分は40代。子どもが20歳になる60歳まで仕事現役で、元気と若さをキープしたいと願い、ピラティスとともに大切にしているのが食事です。

元気に走る第一子を、10kgの第二子を抱いて追いかける日々は体力勝負。一人が風邪を引けば家族中にうつり、嘔吐・下痢を片付けるうちに自分が倒れるのは決まった結末。免疫力アップも必須です。

授乳中は、乳腺炎になれば高熱で苦しい思いをするため、低脂肪食を心掛け、貧血予防、カルシウム不足に気を付けなければなりません。産後に体重を戻したくて極端なダイエットをすると、将来、骨粗しょう症の危険が高まります。

骨粗しょう症の割合に女性が多い原因に妊娠、出産が挙げられます。これは、赤ちゃんの骨は母体から提供されるためです。赤ちゃんは、身体《からだ》づくり（骨格）のため、容赦なく母体から

カルシウムを吸い取っていきます。そのため、大量のエストロゲンが放出され、骨の流出を抑制。エストロゲンが分泌されないと、骨からカルシウムが血液中にどんどん流出してしまうのです。さらに出産直後の半年は、卵巣がお休みしているので女性ホルモンの分泌は極端に低下しています。つまり更年期と同じになってしまいます。

妊娠前は、ごはんを食べない！　という過激な絶食でダイエットしていた方は、妊娠中、産後はこういったダイエットはできないことを心に、正しく栄養を取り太りにくい食材を簡単に調理して食べるレパートリーを増やしておくことをおすすめします。

骨粗しょう症になると、背骨を丸めるエクササイズは、骨折の危険が出るのでできなくなります。そんなことにならないように、正しい食生活を習慣化させていきましょう。

そして、離乳食から幼児食、大切な幼児期の食事はバランスよく献立を立てることが、母親として毎日の大切な任務となります。

時間に追われる日々。私はそのときどきの症状や予防になる食材を探しているうちに、薬膳を勉強し「漢方養生指導士」を取得しました。

薬膳の考え方は食べ物が持つ機能を病気の予防、改善に取り入れる考え方で、体質や症状にあった旬の食べ物を取り入れてコンディションをよくしていきます。薬のような効果のある食材を選び、シンプルに調理をして食べるレパートリーを増やしておくと、育児が大変スムーズです。

妊娠中の食事は「血」を補う

赤ちゃんの成長には、鉄や亜鉛、銅などのミネラルが不可欠です。なかでも亜鉛は不足すると、つわりがひどくなったり、免疫力の低下にもつながるので、きちんと摂りたい栄養素です（妊娠は母体にとって一種の炎症反応となるので、それにも亜鉛の持つ抗炎症作用が有効）。

しかし、現状では妊婦の約9割は亜鉛不足だといわれています。

平成19〜23年の「国民健康・栄養調査結果（妊婦）」によると、亜鉛摂取量の平均値は、7・6㎎。平成22〜23年平均にいたっては7㎎と、0・6㎎も減っています。妊婦の一日の推奨摂取量は12〜20㎎（成人女性の推奨摂取量9〜12㎎の約1・5倍）とされていますから、かなり不足していることになります。

妊娠中は、この亜鉛を含む食品（牡蠣、牛肉、煮干し）などを積極的に食べたいものです。

胎児は母親の摂取した栄養で成長します。初期は臓器がつくられ、中期には四頭身に。この時期に栄養不足だと不均等になるといわれています。後期は脂肪などがつくられるので、この時期の低栄養は、胎児がやせ型になってしまうそうです。

必要な栄養素はしっかり摂取しつつ、カロリーは摂りすぎないよう「栄養のあるものを適量いただくこと」がとても大切です。

妊娠中の食事のポイント

＊食事を充実させ、間食を減らす。
＊量を増やさず、品数を増やす。
＊「血」を補う芋類や雑穀、トウモロコシ、赤身の肉、レバーをローテーションして、少しずつ摂る。
＊間食は、ショートケーキ3分の1個、おだんご一口など、量に気をつける。

妊娠中の体重について

現在、日本産婦人科学会が推奨する妊娠に伴う体重増加は、＋7・2〜13・5kg。妊娠中の摂取カロリーは、＋200kcal、授乳中は＋500kcalとしています。

「二人分食べていいよ」といわれていたのは昔の話。200kcalをケーキで換算すると1個弱ほどですから、間食するとすぐにオーバーしてしまいます。肥満は難産や帝王切開のリスクもあるといわれています。

食べつわり（食べていないとムカムカする症状）もあった私は、一人目を妊娠したときに、12kgも増えてしまい、元に戻すのに大変苦労しました。産後を考えると、何とか推奨内の体重増加に抑えたいものです。

産後の食事は「腎」の働きを高める黒い食材を

出産後、誰もが恐ろしいほどの抜け毛を体験しますが、高齢出産は同時に白髪も出てきます。赤子を抱いて白髪……。「おばあちゃんですか？」といわれないようにしなければいけませんね。

美容院に行けないときは帽子が大活躍します。そんな高齢出産は、白髪の予防にも、加齢とともに衰える「腎」の働きを高めることが重要です。

産後の食事のポイント

＊黒豆、黒ゴマ、黒きくらげなどの黒い食材や山芋、おくら、昆布などのネバネバ食材を摂ることで「腎」の働きを高め、生殖機能の若返りをサポート。
＊おやつは、なつめ、クコの実、栗、くるみ、ぶどうで上手にアンチエイジング。

おわりに

ピラティスを体験していただき、どんな感想をお持ちになったでしょうか？

身体《からだ》が伸びる感じ、呼吸が自由になる感じ、背中や痛みがあったところが楽になるなど、なんらかの手ごたえを実感していただけていれば、それは普段使われていない筋肉がしっかり動いている証拠。正しいフォームでピラティスができているのだと自信を持ってください。そしてぜひ、その感覚を忘れずに、ピラティスを続けてください。

産後は子どもの世話があるのでエクササイズの時間をつくることが難しいと感じますが、子どもが寝たとき、あるいは起き出す前の1日5～10分あればなんとかなります。「気持ちいい！」と思ったエクササイズをひとつでもけっこうですので、毎日、継続してください。

ピラティスはアンチエイジングにも役立ちます。近い将来、子どもが成長すると育児からは手は離れますが、子どもの学校の友人関係、教育問題など、母親としての悩みは変化しながら続きます。ストレスが重なると若いときに痛めていた腰痛などが悪化しやすくなることも。

また、更年期は女性の身体が大きく変わる時期。女性ホルモンの低下によって起こるイライラなどの精神症状、不眠、血圧やコレステロール値の増加なども起こってきます。このように激変する女性の身体に備えて、ピラティスを役立ててくだされば幸いです。女優さんやセレブの間でピラティスが定着したのは、こうしたトラブルを早めに根本から対処し、美しく年を重ねるためでもあるのです。

さらにピラティスは、スポーツや運動の能力を上げるためにも有効です。運動に欠かせないのは〝軸・センター・重心〟です。これらがどれだけしっかりしているか、正しい位置にあるかは能力に影響します。バランスをとってしっかりと足裏に正しく体重を乗せること、やわらかくなったしなやかな背骨がバネを生みます。普段、使われにくい体幹の筋肉を強化することで無駄な動きをなくします。私は大好きなバレエが80代まで踊れるように、ピラティスを続けていただいと思っています。

　本書ではご家庭で取り組むことのできるピラティスエクササイズを紹介しました。ピラティスに限らず、運動は正しいフォームで行うことが一番大切です。時間ができたら、ぜひ、インストラクターの指導の元で正しいフォームで行ってください。

　グループレッスンは安価で通いやすいのがメリット。マンツーマンでは費用が高くなりますが、痛みや悩みの解消に直結しますので、痛みやけがのある人はマンツーマンの方がおすすめです。私のスタジオのように子ども同伴クラスもありますので、探してみてください。

　ピラティスが皆さまの人生を豊かにしてくれることを心から願っています。

　最後に、本書を推薦し、コメントをくださった女優の生田智子さん、寄稿してくださった浜松医科大学医学部附属病院周産母子センターの鈴木一有先生に心より感謝申し上げます。

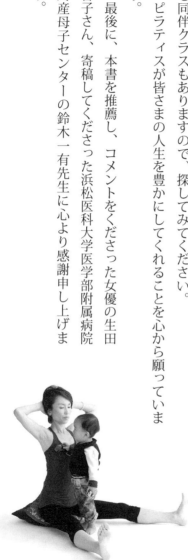

快適な出産のために、ピラティスで正しい姿勢と呼吸を

国立大学法人 浜松医科大学医学部附属病院 周産母子センター 講師 鈴木一有

妊娠中ならびに産後は、女性の身体が劇的に変化する時期です。女性の身体の中では、主にエストロゲンとプロゲステロンという2つの女性ホルモンが卵巣から分泌され働いています。これらの2つのホルモンの相互作用により月経が発来しているわけです。

妊娠初期には、これらのエストロゲンとプロゲステロンの作用により妊娠が維持されます。妊娠してしばらくするとエストロゲンとプロゲステロンの主な産生場所は胎盤へと変わりますが、妊娠中は多量に分泌され、胎児の適切な発育に役割を果たしています。

しかしながら、産後には胎盤が娩出されますので、これらエストロゲンとプロゲステロンは急速に減少してしまいます。女性ホルモン的には更年期と同じ状態になります。

このような産後の劇的変化に対応できず、産褥期精神障害（産褥期うつ病やマタニティーブルーズ）などが起こったりします。

正しい姿勢と正しい呼吸がピラティスの基本と思いますが、これは分娩と共通する部分が多

いです。

分娩においても正しい姿勢と正しい呼吸は重要です。正しい姿勢は産道を広げ胎児を娩出しやすくし、正しい呼吸は正しい怒責へとつながります。妊娠中からピラティスによる正しい姿勢と正しい呼吸を意識することにより分娩時のメリットが期待されます。

また、ピラティスの特徴は、身体だけでなく心も健康に保つ効果があるということです。先述したように産後は、身体だけでなく精神的にも不安定になりやすい時期です。産後にピラティスを行うことにより、心身のメリットが期待されます。

海外の文献では、産後のピラティスが身体的精神的に有益であり、ＱＯＬ（生活の質）の改善に効果があったり、睡眠の質向上に有益であったと報告されています。

ピラティスを行うことは、妊娠・分娩・産褥・更年期と劇的にホルモン環境が変化する女性には、身体的精神的にメリットが期待されます。

【参考文献】
「産前・産後の筋肉＆骨盤ケア」山田守寿著／現代書林
「産前・産後のからだ革命」吉岡マコ著／青春出版社
「赤ちゃんと一緒に！ペリネのエクササイズ」ベルナデット・ド・ガスケ著、シャラン山内由紀訳／メディカ出版
「改訂２版 イラストで学ぶ妊娠・分娩・産褥の生理」金山尚裕編／メディカ出版
「Your Ultimate Pilates Body® Challenge: At the Gym, on the Mat, and on the Move」Brooke Siler 著／ Harmony
「薬膳・漢方の母子健康帳」薬日本堂監修／実業之日本社

35歳《さい》からの妊娠《にんしん》・出産《しゅっさん》・産後《さんご》ケア

2015年12月28日　初版第1刷

著　者 ―― 村松《むらまつ》リカ
発行者 ―― 坂本桂一
発行所 ―― 現代書林
〒162-0053　東京都新宿区原町3-61　桂ビル
TEL／代表　03(3205)8384
振替00140-7-42905
http://www.gendaishorin.co.jp/

カバー・本文デザイン ―― 竹川美智子
本文イラスト・図版 ―― 宮下やすこ・清水眞由美
写　真 ―― 田内光裕（清水写真館）・遠藤正樹
メイク ―― 井口琴絵
衣装協力 ―― チャコット株式会社

印刷・製本：(株)大日本印刷
乱丁・落丁本はお取り替えいたします。
定価はカバーに表示してあります。

ISBN978-4-7745-1545-8 C0077